Fly Emirates
Fly Emira
ge
orange
MANPOWER

PARIS SAINT-GERMAIN
1970

La saison 2005-2006

Photographies Christian Gavelle

Hugo sport

Crédits photos : **Christian Gavelle**
Textes : **Valentin Deudon** et **Zahir Oussadi**

38, rue La Condamine 75017 Paris

ISBN : 2-7556-0085-3
Dépôt légal : Juin 2006

PRÉFACE

Photographe officiel au Paris Saint-Germain, mon travail me perme de partager le quotidien des joueurs qui emplissent le Parc des Princes e es stades de province tous les week-ends.

J'ai ainsi appris à mieux appréhender ces instants où il faut se faire discret jusqu'à se faire oublier. Être invisible pour ne pas troubler une ambiance qui n'appartient qu'à ceux qui la créent et vivent pour les résul ats qu'ils obtiendront : les joueurs. Car il ne faut pas s'y méprendre, on a beau vivre le PSG au jour le jour, les acteurs, ceux qui font et défont l'his oire du Club, ce sont eux et uniquement eux : les joueurs.

Je ne suis là que pour conter l'histoire en images, la faire partager 'enregistrer à jamais dans le Grand album aux souvenirs.

Avec ce livre en photos, vous découvrirez une saison en images des clichés sélectionnés parmi 9 982 photos réalisées aux entraînements dans les coulisses du vestiaire d'entraînement au « Camp des Loges » pendant les stages à Capbreton et Marcoussis, sur les pelouses des sta des de L1.

Un moment fort de cette saison ? L'intimité d'avant-match de la finale de Coupe de France, au stade de France. La concentration des oueurs à leur arrivée dans le vestiaire, la préparation minutieuse, les échanges à voix basse, le rythme lent des mouvements, la précision des gestes, les regards profonds, le silence si lourd que le moindre petit brui résonne comme les cloches de Notre Dame...

La sérénité a envahi le vestiaire.

Le match commence. Dans un peu plus de 90 minutes, ce seron es larmes ou le feu.

Ce soir-là, les joueurs ont choisi de vous mettre le feu.

SOMMAIRE

6 Émotion
26 Championnat matchs allers
42 Stages
52 Championnat matchs retours
68 Entraînement
78 Coupe de la Ligue
80 Vestiaires
90 Coupe de France
104 Victoire
114 En privé
124 Effectif de la saison
127 Table

PARIS SAINT-GERMAIN
1970

ÉMOTION

Ligue 1
Orange
MANPOWER
Fly Emirates

THOMSON
PORTET/GARO
Tél. 05 6
70 00

THOMSON
THOMSON
THOMSON
24

THOMSON

THOMSON

Orange
THOMSON

THOMSON

THOMSON

25
24

LUTECE FALCO
KOP OF BOU
TITI-FOSI
TF1 TF1 TF1
REDSKINS
clio
livebox

LUTECE 1991 FALCO
SUPRAS AUTEUIL
PARIS SAINT GERMAIN
Fly Emirates
NIKEPRO.COM
THOMSON
THOMSON
THOMSON
livebox

35 ANS
THOMSON
Fly Emirates
livebox
DE FRANCE

1985
2003
CONTEMPLE 20 ANS D'HISTOIRE
NIKE PRO. L'ARME SECRETE DE L'ATHLÈTE.
NIKEPRO.COM
livebox

THOMSON

L1 - MATCHS ALLERS

PSG / Metz 4-1

1ère journée : vendredi 29 juillet 2005

Sochaux / PSG 0-1

2e journée, samedi 6 août 2005

PSG / Toulouse 2-0

3e journée, samedi 13 août 2005

FEUILLES DE MATCHS

Parc des Princes (42 844 spectateurs)
Arbitre M. Malige
Buts Kalou (6e), E. Cissé (38e), Rothen (49e), Landrin (81e) pour le PSG ; Ahn (68e) pour Metz
Avertissements Rothen (53e), Armand (63e), Cana (84e) pour le PSG ; Allegro (32e), Paisley (44e), Marchal (67e), Huszti (70e) pour Metz
PSG Letizi - Mendy, Rozehnal, Yepes, Armand - M'Bami, E. Cissé (Landrin, 77e), Rothen, Dhorasoo (Cana, 72e) - Kalou (Pancrate, 88e), Pauleta (cap.). Entr. : L. Fournier
Metz Wimbée - Beria, Marchal, Paisley, Borbiconi, Allegro (Huszti, 46e) - Proment (cap.), Obraniak, Renouard (Ahn, 61e), Ouadah - N'Diaye (P. Cissé, 77e). Entr. : J. Müller

Stade Auguste-Bonal (17 543 spectateurs)
Arbitre M. Duhamel
Buts E. Cissé (52e)
Avertissements Boudarène (62e), N'Daw (81e), Diawara (90e + 2) pour Sochaux ; Cissé (32e), Letizi (79e) pour le PSG
Sochaux Richert - Potillon, Diawara, N'Daw, Bühler - Boudarène, Pitau (Zaïri, 71e), Isabey (cap.), Brunel - Ménez (Kader, 84e), Ilan. Entr. : D. Bijotat.
PSG Letizi - Mendy, Rozehnal, Yepes, Armand - M'Bami, E. Cissé, Rothen, Dhorasoo (Landrin, 77e) - Kalou, Pauleta (cap.) (Pancrate, 84e).
Entr. : L. Fournier

Parc des Princes (41 341 spectateurs)
Arbitre M. Kalt
Buts Pauleta (44e, 63e)
Avertissements Mendy (22e), Kalou (36e), Cissé (57e) pour le PSG ; Cardy (10e), Mansaré (55e) pour Toulouse
Expulsion Bergougnoux (30e)
PSG Letizi - Mendy, Rozehnal, Yepes, Armand - M'Bami, E. Cissé, Rothen, Dhorasoo (Pancrate, 85e) - Kalou, Pauleta (cap.) (Landrin, 68e).
Entr. : L. Fournier
Toulouse Revault (cap.) - Ebondo, Dao, Aubey, Mathieu - Cardy (Dieuze, 59e), Emana, Abdessadki (Bonnet, 70e), Mansaré - Bergougnoux, Moreira (Akpa-Akpro, 81e). Entr. : E. Mombaerts

RÉSUMÉS

Pour leur première sortie de la saison, les Parisiens ont offert aux spectateurs du Parc des Princes un festival offensif ! Avec un but et 3 passes décisives, Kalou est le grand artisan de cette large victoire. Dès l'entame de la partie, sur un corner tiré côté gauche par Rothen, la nouvelle recrue ivoirienne place un coup de tête victorieux et donne l'avantage à son équipe (1-0, 5e). L'affaire est dès lors bien engagée et le public peut exulter. D'autant que les Rouge et Bleu réalisent le break peu avant la pause. Au terme d'une action d'école, Cissé hérite du ballon à l'entrée de la surface et place une frappe à ras du sol entre les jambes de Wimbée (2-0, 38e). Dès le retour des vestiaires, sur une merveille de centre de Kalou, Rothen envoie une reprise de volée du pied gauche qui ne laisse aucune chance au portier Grenat (3-0, 49e). Les troupes de Joël Muller se voient tout de même récompensées de leurs efforts lorsque le Coréen Ahn trompe Letizi d'une frappe subtile de l'intérieur du pied droit (3-1, 68e). À peine entré en jeu, Christophe Landrin, nouveau venu en provenance de Lille, donne un peu plus d'ampleur au tableau d'affichage (4-1, 80e).

Premier déplacement et première victoire à l'extérieur pour un PSG qui a parfaitement su allier virtuosité technique et solidarité défensive. Ce sont pourtant les locaux qui se mettent les premiers en évidence par une frappe puissante du jeune Ménez. Mais c'est sans compter sur la hargne de Mario Yepes qui parvient à se jeter sur sa ligne pour sauver son camp ! Bousculés, les Parisiens recouvrent progressivement leurs automatismes. Pour preuve, un missile du gauche frappé par Mendy et qui termine sa course à quelques centimètres du montant de Teddy Richert (30e). Si les Parisiens ont tardé à se mettre en route, la suite du match ne laisse aucune contestation possible. Servi par Kalou, Pauleta contrôle dos au but et glisse sur le côté droit en direction de Cissé. Le milieu de terrain parisien élimine Bühler d'un grand pont avant de tromper Richert d'une frappe fuyante à ras du poteau (1-0, 52e) ! Une véritable prouesse technique pour le désormais meilleur buteur du club (deux buts en autant de matchs) ! La fin de partie est parfaitement gérée par des Parisiens suffisamment costauds pour conserver leur avance.

Autoritaires et appliqués, les Parisiens s'adjugent contre Toulouse leur 3e victoire en 3 matchs. Ils entament cette partie sous l'impulsion d'un Dhorasoo toujours aussi à l'aise techniquement. L'international français accélère et lance en profondeur Pauleta qui voit sa frappe contrée par le pied de Lucien Aubey (10e). Le tournant du match intervient lorsque Bergougnoux, expulsé pour un vilain tacle sur Kalou, est obligé de quitter ses partenaires dès la 31e minute. Dès lors, la domination locale s'intensifie, Revault retardant l'échéance jusqu'à ce que Pauleta profite d'une puissante frappe de Rothen, repoussée par l'ancien gardien du PSG, pour reprendre ce ballon et inscrire son premier but de la saison (1-0, 44e). Puis, sur une mésentente entre Dao et son gardien, L'attaquant portugais profite du cadeau pour aller dribbler Revault avant de marquer dans le but vide (2-0, 61e). Pas encore satisfaits, les pensionnaires du Parc continuent d'accélérer le jeu pour venir perturber l'arrière-garde adverse. Un régal pour le public, un calvaire pour les Toulousains... Une performance qui permet au PSG de s'installer seul en tête du championnat.

RÉACTIONS

Bonaventure Kalou
« C'est à la fois impressionnant et magnifique de jouer dans un stade plein comme ce soir. Il était bien sûr préférable de commencer par une victoire que par une défaite, mais il ne faut pas s'enflammer. J'espère que nous saurons garder le cap. Je suis content d'avoir marqué, cela devrait faciliter la suite. »

Laurent Fournier
« Nous ne sommes pas entrés dans le match comme il fallait. Il y a encore beaucoup de choses à travailler. J'ai toutefois apprécié la solidarité démontrée par l'équipe. Deux matches, deux victoires... On ne pouvait pas mieux démarrer. »

Pedro Pauleta
« Je suis content, content d'avoir gagné et ensuite d'avoir marqué, bien sûr. C'est important pour moi. Nous avons une très bonne équipe, mais il reste beaucoup de travail à effectuer. Ce n'est pas parce que nous avons gagné trois matchs qu'il faut penser que cela va être plus facile. »

MALOU
15
ONET

MARCHAL
15
15

Troyes / PSG 1-1
4e journée, dimanche 21 août 2005

PSG / Nice 1-2
5e journée, samedi 27 août 2005

PSG / Strasbourg 1-0
6e journée, samedi 10 septembre 2005

›››››››››››››› FEUILLES DE MATCHS

Stade de l'Aube (17 507 spectateurs)
Arbitre M. Poulat
Buts Dallet (49e) pour Troyes ; Pauleta (37e) pour le PSG
Avertissements Matuidi (19e), Kouassi (60e), Montero (86e) pour Troyes ; E. Cissé (16e, 56e), Pauleta (53e), Cana (65e), Rothen (90e) pour le PSG
Expulsion E. Cissé (56e)
Troyes Le Crom - Montero, Boucansaud, Kouassi, Dujeux - Matuidi (Danic, 56e), Tourenne, Boskovic, Nivet - Dallet, Grax (Nadé, 86e). Entr. : J-M. Furlan
PSG Letizi - Mendy, Rozehnal, Yepes, Armand - M'Bami, E. Cissé, Rothen, Dhorasoo (Landrin, 70e)- Kalou (Cana, 58e), Pauleta (cap.) (Pancrate, 75e). Entr. : L. Fournier

Parc des Princes (43 475 spectateurs)
Arbitre M. Layec
Buts Pauleta (2e) pour le PSG ; Rozehnal (71e csc), Bagayoko (90e) pour Nice
Avertissements Kalou (24e), Semak (55e) pour le PSG ; Bagayoko (48e), Yahia (57e), Rool (60e), Tchato (86e) pour Nice
Expulsion Armand (90e+3)
PSG Letizi - Mendy, Rozehnal, Yepes, Armand - M'Bami, Landrin, Rothen (Semak, 17e), Dhorasoo - Kalou (Bueno, 75e), Pauleta (cap.) (Pancrate, 87e). Entr. : L. Fournier
Nice Grégorini - Varrault (cap.), Traoré (Abardonado, 82e), Yahia, Tchato - Bisconti, Balmont, Rool (Ederson, 65e) - Bigné (Vahirua, 64e), Koné, Bagayoko. Entr. : F. Antonetti

Parc des Princes (40 748 spectateurs)
Arbitre M. Ledentu
But Kalou (29e) pour le PSG
Avertissements Rozehnal (40e), Pauleta (57e), Semak (84e), Mendy (85e) pour le PSG ; Hosni (25e, 65e) Boka (47e) pour Strasbourg
Expulsion : Hosni (65e)
PSG Letizi - Mendy, Rozehnal, Yepes, Ateba - M'Bami, Landrin, Rothen (Semak, 33e), Dhorasoo - Kalou (Dramé, 90e + 3) Pauleta (cap.) (Pancrate, 87e). Entr. : L. Fournier
Strasbourg Cassard (cap.) - Lacour, Haggui, Kanté, Boka - Hosni, Keita – Diané (P. Farnerud, 69e), A. Farnerud (Deroff, 79e), Arrache - Gmamdia (Gameiro, 61e). Entr. : J. Duguépéroux

›››››››››››››››››››››››››››› RÉSUMÉS

En déplacement à Troyes, les Parisiens se font bousculés d'entrée par une équipe sans complexe. Face à son ancien club, le Serbe Boskovic se montre d'entrée de jeu revanchard en alertant Letizi d'une frappe trop écrasée (3e). Les Parisiens parviennent toutefois à refaire surface après la demi-heure de jeu. Une rébellion qui porte rapidement ses fruits. À l'issue d'un rush sur le flanc droit de Mendy, Pauleta profite de l'offrande de son latéral pour gagner son face à face avec Le Crom et inscrire son 100e but en L1 (0-1, 39e). À peine perturbés, les locaux entament le second acte comme le précédent, avec l'efficacité en plus. Sur un centre de Dujeux, Dallet se défait du marquage pour placer un coup de tête vainqueur (1-1, 49e). Après un essai infructueux de Kalou (50e), un but refusé à Pauleta pour un hors-jeu plus que limite (53e), et une expulsion, celle d'Edouard Cissé (56e), les coéquipiers de Mario Yepes se retrouvaient mis en danger. Mais la réorganisation tactique improvisée par Laurent Fournier et la solidarité des dix hommes restant sur la pelouse ont suffi au PSG pour limiter les dégâts et ainsi ramener le point du nul.

Invaincus depuis le début de saison, les joueurs parisiens se sont inclinés dans leur jardin. Ce sont pourtant eux qui démarrent cette rencontre avec le plus de détermination. Après 2 minutes de jeu, Rothen botte un coup franc côté gauche pour son capitaine. Pauleta ne laisse pas passer l'opportunité en plaçant un coup de tête subtil dans les filets niçois (1-0, 2e). D'une violente frappe du gauche, Kalou inquiète ensuite Grégorini, mais le portier azuréen s'envole pour détourner le ballon en corner (33e). Au retour des vestiaires, sur l'une des rares incursions niçoises, Vahirua trouve le crâne de Traoré, dont la reprise est déviée dans son propre but par le malheureux Rozehnal, impeccable depuis le début de la rencontre (1-1, 71e). Fournier décide alors d'offrir à Carlos Bueno une première apparition sous ses nouvelles couleurs. Dominés, les Niçois vont pourtant parvenir à arracher la victoire dans les derniers instants. Un contre fatal suffit à Bagayoko, pour mystifier Letizi en même temps que tous les supporters du Parc (1-2, 90e). Un cadeau empoisonné pour un PSG qui fêtait cette semaine-là le 35e anniversaire de la création du club.

L'affront niçois oublié, c'est avec un esprit conquérant que les Parisiens ont vaincu Strasbourg. Dès la 12e minute, c'est Jérôme Rothen qui ouvre les hostilités en décochant une bonne frappe du gauche qui oblige Cassard au plongeon. Au cœur de la domination parisienne, Gmamdia profite d'une insuffisance de la défense pour obliger Letizi à un arrêt que le gardien qualifiera lui-même de « miraculeux » (23e). Paris repart à l'assaut du but par Pauleta, dont la frappe contrée revient dans les pieds d'un Bonaventure Kalou qui n'en demandait pas tant. Son shoot du pied gauche ne laisse alors aucune chance au capitaine du Racing (1-0, 29e). Malgré la sortie de Rothen, touché au tibia, le PSG conserve le monopole du ballon. Sans conteste l'homme du match, Kalou enchaîne dès la reprise passes précises et exploits techniques. Si sa performance ne suffit pas à creuser l'écart, la défense se montre assez vigilante pour conserver cet avantage. Après un dernier coup franc hors-cadre de Pauleta, l'arbitre sifflet la fin du match. Une victoire certes étriquée mais amplement suffisante !

››››››››››››››››››››››››››››››››››› RÉACTIONS

Modeste M'Bami
« L'affaire s'annonçait compliquée après le carton rouge mais nous avons su rester solides, c'est ce que l'on retiendra de ce match. Nous sommes tombés sur une très bonne formation troyenne. Cela prouve que toutes les équipes sont dangereuses et que la saison sera difficile. »

Christophe Landrin
« Pour ma première titularisation de la saison, je suis déçu. Nous avions le match en main, mais à 1-0, nous nous sommes contentés de ce résultat. On a attendu et lorsque nous avons voulu jouer vers l'avant, par deux fois Nice a récupéré le ballon et nous a mis en difficulté. »

Bonaventure Kalou
« C'était crucial de gagner ce match. C'est une bonne réaction après la défaite contre Nice. On m'a critiqué injustement après un match perdu collectivement (*Côte d'Ivoire-Cameroun : 2-3, ndlr*) et j'avais à cœur de montrer que je valais mieux. »

THOMSON
RMC

Saint-Etienne / PSG 3-0
7e journée, dimanche 18 septembre 2005

PSG / Lille 2-1
8e journée, mercredi 21 septembre 2005

Le Mans / PSG 0-0
9e journée, samedi 24 septembre 2005

»»»»»»»»»»»»» FEUILLES DE MATCHS

Stade Geoffroy-Guichard (27 771 spectateurs)
Arbitre M. Sars
Buts F. Mendy (37e), Piquionne (53e), Feindouno (79e) pour Saint-Etienne
Avertissements F. Mendy (38e), Zokora (49e) pour Saint-Etienne ; Dhorasoo (74e) pour le PSG
Saint-Etienne Janot - F. Diawara, Z. Camara, Hognon, Ilunga - Sablé (cap.), Zokora, Hellebuyck - P. Feindouno (Sakho, 87e), F. Mendy (Tiéné, 74e), Piquionne (L. Perrin, 84e). Entr. : E. Baup
PSG Alonzo - Mendy, Rozehnal, Yepes, Ateba (Dramé, 67e) - M'Bami (Semak, 77e), Landrin, Cissé, Dhorasoo - Pancrate (Dja Djedje, 57e), Pauleta (cap.). Entr. : L. Fournier

Parc des Princes (40 748 spectateurs)
Arbitre M. Coué
Buts Pauleta (14e, 55e) pour le PSG ; Fauvergue (3e) pour Lille
Avertissements Rozehnal (11e), Landrin (49e), Cissé (70e) pour le PSG ; Debuchy (18e), Lichtsteiner (52e), Makoun (58e) pour Lille
PSG Alonzo - Mendy, Rozehnal, Yepes, Armand - M'Bami, Cissé - Landrin, Dhorasoo (Dramé, 80e), Haddad - Kalou, Pauleta (cap.) (Semak, 89e). Entr. : L. Fournier
Lille Sylva - Lichtsteiner, Plestan, Schmitz, Vitakic (Tafforeau, 76e) - Dumont (cap.) (Bodmer, 62e), Makoun, Debuchy, Acimovic - Fauvergue (Moussilou, 71e), Odemwingie. Entr. : C. Puel

Stade Léon-Bollée (14 728 spectateurs)
Arbitre M. Fautrel
Avertissements De Melo (89e) pour Saint-Etienne ; Pauleta (48e), M'Bami (49e) pour le PSG
Le Mans Pelé - O. Thomas, Basa, Poulard, Bonnat (cap.) - Périatambée, F. Thomas, Fanchone, Matsui (Bangoura, 88e) - Lucau, De Melo. Entr. : F. Hantz
PSG Letizi - Mendy, Rozehnal, Yepes, Armand - M'Bami, Cissé, Landrin (Pichot, 90e), Dhorasoo (Haddad, 71e) - Kalou (Semak, 75e), Pauleta (cap.). Entr. : L. Fournier

»»»»»»»»»»»»»»»»»»»»»»» RÉSUMÉS

Battus pour la première fois de la saison hors de leurs bases, les Parisiens se sont heurtés à une équipe stéphanoise intraitable. Au fil des minutes, on sent les locaux prendre le dessus sur leurs visiteurs. La confirmation arrive lorsque Piquionne dévie parfaitement de la poitrine pour Frédéric Mendy, la frappe instantanée du Sénégalais est touchée par une épaule adverse avant de tromper Jérôme Alonzo, titulaire suite à la blessure de Letizi (1-0, 37e). En l'absence de Kalou et de Rothen, blessés, la transmission du ballon se fait difficilement côté parisien. Et ce sont les Stéphanois qui en profitent dès l'entame du second acte. Feindouno déborde et glisse le ballon à ras du sol pour Piquionne, qui reprend du bout du pied pour inscrire le 2e but (2-0, 54e). Dès son entrée en jeu, le jeune Franck Djadjedje ne tarde pas à créer le danger, mais sa frappe des 25 mètres termine sa course hors du cadre (67e). Mais ce sont encore les hommes d'Elie Baup qui s'illustrent. Un corner de Tiéné repris de la tête par Feindouno fait définitivement plier Alonzo et consorts (3-0, 58e). Au coup de sifflet final, le mythique Chaudron hurle sa joie.

Après la déroute de Geoffroy-Guichard, l'opération de rachat ne pouvait pas mieux se dérouler pour le PSG. Les Lillois sont pourtant idéalement rentrés dans la partie. Dès la 3e minute, sur un long dégagement de Sylva, Edouard Cissé manque son contrôle de la poitrine. Fauvergue surgit dans son dos et fait mouche d'une frappe en force du droit (0-1, 3e). Dhorasoo prend dès lors ses responsabilités et perce le côté gauche de la défense nordiste. L'ancien Lyonnais envoie un centre millimétré sur la tête de son capitaine qui conclut le travail en catapultant le cuir au fond du but lillois (1-1, 14e). Après une période de flottement qui aurait bien pu profiter aux visiteurs, la réaction francilienne est aussi subite qu'efficace. Rozehnal lance Landrin côté droit qui glisse une merveille de ballon pour Pauleta qui contrôle avant de tromper Sylva pour la seconde fois de la soirée (2-1, 55e). Les Lillois se jettent alors à l'assaut du but adverse, sans réussite malgré les tentatives d'Acimovic (87e) et de Debuchy (92e), dont la tête est boxée par Alonzo. Paris a certes souffert mais conserve sa place de dauphin, à un petit point de l'Olympique Lyonnais...

Ce 3e match de championnat en l'espace d'une semaine aura plus marqué les organismes des 22 joueurs que les esprits des spectateurs présents au stade Léon-Bollée. Respectivement 2e et 3e avant la rencontre, Parisiens et Manceaux se montrent empruntés à l'heure de devoir faire la différence face au but adverse. Il faut ainsi attendre la demi-heure de jeu pour voir la première véritable occasion. Celle-ci est signée Pauleta, qui voit son shoot mourir sur la barre transversale du géant Yohan Pelé (30e). Calme plat jusqu'à cette frappe détournée d'un Modeste M'Bami hyperactif dans l'entrejeu. Sa tentative passe néanmoins de peu à côté du poteau adverse (53e). Si Sylvain Armand se montre à son avantage sur le plan défensif, il n'hésite pas non plus à venir épauler ses attaquants. L'ancien Nantais place deux grosses frappes du gauche (56e, 63e), la première repoussée par Pelé, la seconde malheureusement contrée par Pauleta, pour une fois mal placé. Après avoir encaissé quatre buts lors de deux derniers matches, Laurent Fournier pouvait au moins se satisfaire d'une solidité défensive retrouvée.

»»»»»»»»»»»»»»»»»»»»»»»»»»»»»» RÉACTIONS

Vikash Dhorasoo
« C'est une lourde défaite. Mais ce n'est pas catastrophique, car nous restons dans le peloton de tête. Perdre à Saint-Étienne n'est pas si grave que cela à condition de gagner, mercredi, face à Lille. »

Pedro Pauleta
« Nous avons fait un grand match. Je crois que tous les joueurs ont donné le maximum. Depuis le début de saison, on manque soit d'agressivité soit de concentration. On avait tout cela aujourd'hui. »

Mario Yepes
« Nous sommes satisfaits de ce point, même si nous étions venus dans l'idée de gagner. Nous sommes bien rentrés dans le match et nous avons conservé cet état d'esprit tout au long de la rencontre. »

Casino

PSG / Nantes 2-0
10e journée, samedi 1er octobre 2005

Marseille / PSG 1-0
11e journée, dimanche 16 octobre 2005

PSG / Nancy 1-0
12e journée, samedi 13 août 2005

FEUILLES DE MATCHS

Parc des Princes (40 748 spectateurs)
Arbitre M. Coué
Buts Yepes (66e), Pauleta (75e) pour le PSG
Avertissements E. Cissé (45e, 48e), Armand (86e) pour le PSG ; Leray (19e, 88e), Glombard (59e), Toulalan (70e), Signorino (79e) pour Nantes
Expulsions E. Cissé (48e) pour le PSG, Leray (88e) pour Nantes
PSG Letizi - Mendy, Rozehnal, Yepes, Armand - E. Cissé, Landrin (M'Bami, 51e), Dhorasoo, Rothen (Semak, 65e) - Kalou (Pichot, 83e), Pauleta (cap.). Entr. : L. Fournier
Nantes Landreau (cap.) - Leray, Savinaud, Delhommeau, Signorino - Toulalan, Faé (Da Rocha, 12e), Yapi Yapo (Bamogo, 54e), Dimitrijevic - Diallo, Glombard (Keserü, 76e). Entr. : S. Le Dizet

Stade Vélodrome (54 260 spectateurs)
Arbitre M. Poulat
But Cana (79e) pour Marseille
Avertissements Taiwo (47e), Ribéry (90e), Barthez (90e) pour Marseille ; Kalou (40e), Rozehnal (52e), Mendy (60e), Yepes (75e) pour le PSG
Marseille Barthez (cap.) – Ferreira, Cesar, André Luis, Taiwo – Cana, Lamouchi, Oruma, Ribéry – Niang (Beye, 89e), Gimenez (Nasri, 72e). Entr. : J. Fernandez
PSG Alonzo – Mendy, Rozehnal, Yepes (cap.), Armand – M'Bami, Dhorasoo (86e), Rothen, Semak (Haddad, 67e), Landrin (Pancrate, 50e) – Kalou. Entr. : L. Fournier

Parc des Princes (40 140 spectateurs)
Arbitre M. Ennjimi
But Kalou (53e) pour le PSG
Avertissements M'Bami (37e), Kalou (64e), Mendy (75e), Yepes (90e) pour le PSG ; Lécluse (19e), Adailton (36e), Kim (88e) pour Nancy
PSG Letizi – Mendy, Rozehnal (Badiane, 72e), Yepes, Armand – M'Bami, E. Cissé, Dhorasoo (Pichot, 78e), Rothen – Kalou (Semak, 85e), Pauleta (cap.). Entr. : L. Fournier
Nancy Bracigliano (cap.) – Lécluse (Brison, 84e), Puygrenier, Adailton (Chrétien, 54e), Diakhaté, Biancalani – Berenguer, N'Guémo, Sarkissian – Kroupi (Kim, 60e), Curbelo. Entr. : P. Correa

RÉSUMÉS

Au terme d'un match parfaitement contrôlé, et ce malgré 42 minutes disputées à 10 contre 11, le PSG s'est logiquement imposé face à une équipe nantaise submergée. Tout au long de la première période, le trio de choc Rothen-Kalou-Pauleta fait des merveilles et régale le Parc. Les trois acolytes se heurtent pourtant à maintes reprises à un Mickaël Landreau en état de grâce. Alors que Laurent Fournier doit réorganiser son équipe après l'expulsion de Cissé au début du second acte, les Parisiens ne semblent en aucun cas gênés par ce handicap. Et la récompense intervient lorsque Yepes hérite du ballon dans la surface suite à une remise de Kalou. Le Colombien prend tout son temps et trompe le capitaine nantais d'une volée imparable du pied gauche (1-0, 66e). Puis, sur un coup franc indirect dans la surface de vérité, Mendy décale pour Pauleta, qui envoie tout simplement le cuir dans la lucarne nantaise (2-0, 75e) ! Les Canaris sortent alors de leur cage et c'est le Malien Diallo qui se met en évidence. Sa frappe enroulée des 20 mètres termine en effet sur le piquet de Letizi. Paris l'emporte et Paris conserve sa 2e place.

En ce soir d'octobre, la série exceptionnelle du PSG face à son rival historique, (neuf matches sans défaite), touche à sa fin. Un match qui commence avant même le coup d'envoi de la partie. Dès leur arrivée dans les vestiaires, les Parisiens découvrent une odeur d'ammoniac. Laurent Fournier, le premier et le seul à rentrer dans les vestiaires, est pris de violents maux de tête. Les joueurs doivent donc se préparer dans les vestiaires réservés aux ramasseurs de balle. Dès les premières minutes, Marseille a la mainmise sur le match, même Kalou est stoppé de façon suspecte par Barthez. Ribéry fait frissonner à trois reprises (13e, 17e, 21e) la cage de Jérome Alonzo. Semak (29e) répond aux Olympiens en allant défier Fabien Barthez, mais le tir du Russe est repoussé. Plus tard, Yepes sauve sur sa ligne une frappe de Gimenez (30e) alors que Lamouchi (42e), Niang (43e) puis encore Lamouchi (45e) ne sont pas en réussite. Paris gâche ses rares possibilités, et la sanction marseillaise est immédiate. Sur un corner de Samir Nasri, Lorik Cana prend l'ascendant sur son vis-à-vis et marque de la tête (79e).

Laurent Fournier avait été très clair sur les intentions parisiennes au soir de la défaite face à Marseille : « On va relever la tête contre Nancy. » Certes, les Parisiens y sont parvenus. Mais on était tout de même en droit d'attendre mieux du PSG dans le jeu. Une première mi-temps avec seulement trois occasions en tout et pour tout. Deux essais de Kalou (22e et 28e) et une frappe de Rothen (39e) au dessus. Au contraire, c'est Nancy qui prend confiance et sur une frappe de Biancalani, Kroupi manque de tromper Letizi (24e). La deuxième moitié de match repart sur de meilleures bases grâce à Bonaventure Kalou. L'Ivoirien se joue de Diakhaté avant de battre Bracigliano d'un tir puissant du gauche (53e). Une nouvelle fois, le salut parisien est venu de l'une de ses stars. Mais ce sont les Lorrains qui continuent de dominer. Un débordement tranchant de Kim angoisse les travées du Parc des Princes (66e). Nancy ne se décourage pas pour autant. A la 86e minute, Letizi effectue un arrêt de grande classe sur une frappe en pivot de Curbelo. Les promus ont laissé passer leur chance.

RÉACTIONS

Laurent Fournier
« Ce soir, on a vu un bon PSG, même si en première période on a manqué de dynamisme. Les Nantais n'ont pas été très percutants par rapport au week-end dernier face à Lyon. De notre côté, nous étions bien en place. Sur le deuxième but, les joueurs ont fait preuve de créativité et de spontanéité. C'est tout à leur honneur. »

Laurent Fournier
« Cela a été difficile. On a eu des possibilités d'obtenir un résultat, mais on a fait une erreur de marquage sur coup de pied arrêté. Mes joueurs ont donné le maximum, mais nous avons trop de problèmes d'effectif. Nous sommes limités en quantité sur le plan offensif avec cinq joueurs absents. »

Bonaventure Kalou
« Nancy est une très bonne équipe qu'on aura battue pratiquement sur notre seule occasion. En première mi-temps, notre jeu ne ressemblait pas à grand-chose. On a manqué d'engagement, et l'entraîneur nous a remonté les bretelles. Il y a des jours comme ça où rien ne va. On a été meilleurs en deuxième période, on a joué avec plus d'envie. »

AUTEUIL

Auxerre / PSG 2-0

13e journée : dimanche 30 octobre 2005

PSG / Monaco 0-0

14e journée, dimanche 6 novembre 2005

Bordeaux / PSG 0-2

15e journée, dimanche 20 novembre 2005

»»»»»»»»»»»»»» FEUILLES DE MATCHS

Stade de l'Abbé-Deschamps (20 000 spectateurs)
Arbitre M. Malige
Buts E. Cissé (53e csc), Pieroni (86e) pour Auxerre
Avertissements Mignot (67e) pour Auxerre ; Armand (30e), Rothen (34e), Pauleta (54e), Pancrate (84e) pour le PSG
Auxerre Cool – Sagna, Mignot, Grichting, Radet – Berson, Be. Cheyrou, Lachuer (cap.) (Akalé, 77e), Kahlenberg – Luyindula, Benjani (Pieroni, 65e). Entr. : J. Santini
PSG Letizi – Mendy, Rozehnal, Yepes, Armand – E. Cissé (Pancrate, 75e), M'Bami, Dhorasoo, Rothen – Kalou, Pauleta (cap.). Entr. : L. Fournier.

Parc des Princes (45 555 spectateurs)
Arbitre M. Sars
Avertissements Letizi (75e) pour le PSG ; Zikos (45e) pour Monaco
PSG Letizi – Mendy (Pichot, 79e), Badiane, Rozehnal, Armand – E. Cissé (Pancrate, 60e), M'Bami, Dhorasoo, Rothen – Kalou (Bueno, 72e), Pauleta (cap.). Entr. : L. Fournier
Monaco Warmuz – Maicon, Modesto, Givet (cap.), Evra – Meriem, Zikos, Bernardi, Gerard (Kapo, 67e), Plasil (Sorlin, 59e) – Chevanton (Adebayor, 85e). Entr. : F. Guidolin

Stade Jacques Chaban-Delmas (32 204 spectateurs)
Arbitre M. Coué
Buts Yepes (35e), Pauleta (51e) pour le PSG
Avertissements Afanou (22e) pour Bordeaux ; E. Cissé (10e), Dhorasoo (43e) pour le PSG
Bordeaux Ramé (cap.) – Jemmali, Henrique, Afanou, Marange – Fernando, Mavuba, Smicer (Faubert, 46e), Francia (Denilson, 71e) – Darcheville, Laslandes (Chamakh, 58e). Entr. : Ricardo
PSG Letizi – Pichot, Rozehnal, Yepes, Mendy – E. Cissé, Armand, Dhorasoo, Rothen, Pancrate, (Landrin, 73e) – Pauleta (cap.) (Kalou, 82e). Entr. : L. Fournier

»»»»»»»»»»»»»»»»»»»»»»»» RÉSUMÉS

Dès le début du match, les Bourguignons se laissent volontairement dominer pour aspirer les Parisiens et mieux les contrer. Lachuer rate son contrôle dans la zone de vérité (27e) et Luyindula voit sa frappe se dérober du cadre (44e). A cela, les visiteurs répondent par une maigre tentative de Pauleta sur un coup franc de Rothen (28e). De retour des vestiaires, le PSG est terrassé par un coup du sort. Sur un énième coup de pied arrêté de Lachuer, l'infortuné Cissé se trouve à la réception et marque contre son camp (53e). Auxerre est alors survolté. Sur un contre, Benjani manque d'un rien le break (60e). Fournier tente d'apporter du sang frais en faisant rentrer Pancrate à la place de Cissé, mais rien n'y fait. Les réactions parisiennes sont trop timides pour inquiéter Cool. En revanche, Auxerre profite de la moindre contre-attaque. Sur un corner d'Akalé, le Belge Pieroni résiste à Rozehnal et catapulte le ballon de la tête au fond des buts gardés par Letizi. Ce soir, le PSG rétrograde de deux rangs et tombe à la quatrième place...

Dès la 5e minute, Kalou dérobe un ballon à Givet avant d'allumer la première banderille du match que Warmuz repousse. Paris poursuit son pressing et Dhorasoo, sentant le bon appel de Pauleta, lance le Portugais dans la profondeur, mais il enlève trop sa frappe (8e). Moins d'une minute plus tard, Pauleta tente à nouveau sa chance, mais le ballon termine dans le petit filet. Monaco réagit à la demi-heure de jeu. Sur un centre de Chevanton, Gerard place une tête que Letizi détourne en corner. Sur un énième coup franc de Meriem, Chevanton tente sa chance du gauche, mais son tir passe à côté (44e). La seconde période ressemble à s'y méprendre à la première. C'est Paris qui se procure la première occasion. Dhorasoo envoie Kalou vers la cage monégasque, l'ancien Auxerrois se joue de Givet et de Plasil, puis décroche une frappe puissante qui tutoie le poteau de Warmuz (52e). Le PSG venait de laisser passer sa chance. Pauleta essaye bien de lancer la révolte (67e), mais cela ne change pas le cours de l'histoire. C'est le premier match nul de la saison à domicile pour le PSG.

Critiqués par la presse après quelques prestations décevantes, les hommes de Laurent Fournier rentrent rapidement dans le vif du sujet. En 15 minutes, deux frappes du Rothen (6e et 15e) et une tentative de Pauleta (14e) rasent les buts de Ramé. La réaction bordelaise arrive à la 33e minute. Letizi détourne in extremis un coup franc de Francia dévié par le mur. Un avertissement pour le PSG. Yepes prend conscience de la situation et ouvre la marque d'une superbe tête après un centre de Rozehnal (35e). Les deux équipes atteignent la pause sur ce score en dépit d'un dernier essai de Mavuba (45e). Bordeaux revient avec un autre état d'esprit en seconde mi-temps, mais Pauleta glace les 32 000 spectateurs venus encourager leur équipe. Le Portugais fixe la défense girondine et, de 25 mètres, enroule une frappe sur laquelle Ramé ne peut rien (51e). L'Aigle des Açores inscrit son huitième but en championnat. C'est là le tournant du match. Bordeaux tente bien de réduire l'écart par un tir de Faubert (53e) et une percée de Francia (60e), mais cela ne suffit pas à inquiéter un PSG sûr de sa force.

»»»»»»»»»»»»»»»»»»»»»»»»»»»»»»» RÉACTIONS

Laurent Fournier
« A la maison, ça se passe bien et moins bien à l'extérieur. On essaie pourtant de percuter, de trouver des solutions, de donner de bons ballons dans les espaces. On est mieux dans le jeu. Mais à Auxerre, on sait qu'on a souvent l'impression de bien jouer et, au final, on perd. »

Pierre Blayau (Président du PSG)
« Le PSG nouveau est un club comme les autres où des tensions s'expriment. Mais de là à parler de crise, non. On a un groupe sain, équilibré. Je souhaite que nous puissions travailler dans le calme et la sérénité. Moi, je vois des garçons qui se sont battus pendant 90 minutes, ont cherché à défendre, à attaquer et contre-attaquer. »

Laurent Fournier
« Nous avons réalisé un très bon match, avec beaucoup d'agressivité et de solidarité. Cela nous a permis d'obtenir notre premier match référence à l'extérieur. Tout le monde s'est montré concerné par la récupération du ballon et a fait les efforts pour le bien de l'équipe. »

THOMSON

MOTOROLA

PSG / Lens 3-4
16e journée, dimanche 27 novembre 2005

Lyon / PSG 2-0
17e journée, samedi 3 décembre 2005

PSG / Rennes 2-0
18e journée, samedi 10 décembre

FEUILLES DE MATCHS

PSG / Lens

Parc des Princes (40 895 spectateurs)
Arbitre M. Bré
Buts Pauleta (6e, 90e), Yepes (90e +2) pour le PSG ; Thomert (2e), Aruna (32e, 70e), Jussiê (41e) pour Lens
Avertissements M'Bami (61e) pour le PSG ; Gillet (28e), Lachor (29e) pour Lens
PSG Letizi – Pichot, Rozehnal, Yepes, Mendy – E. Cissé (M'Bami, 59e), Armand, Dhorasoo (Kalou, 46e), Rothen, Pancrate (Landrin, 46e) – Pauleta (cap.). Entr. : L. Fournier
Lens Itandje – Demont, Hilton, Gillet, Lachor – A. Diarra, Se. Keita, Thomert (J. Leroy, 78e), Jussiê (Barul, 89e), Aruna (Carrière, 82e) – Cousin. Entr. : F. Gillot

Lyon / PSG

Stade Gerland (38 134 spectateurs)
Arbitre M. Layec
Buts Fred (5e), Carew (90e +3) pour Lyon
Avertissements Malouda (3e), M. Diarra (84e) pour Lyon ; Pichot (17e), C. Rodriguez (68e) pour le PSG.
Lyon Coupet – Réveillère, Cris, Caçapa (cap.), Monsoreau, M. Diarra (Pedretti, 89e), Tiago, Juninho, Malouda, Govou (Wiltord, 69e) – Fred (Carew, 69e). Entr. : G. Houllier
PSG Letizi – Pichot, Rozehnal, Yepes, Mendy – M'Bami, Armand, Dhorasoo, Rothen (C. Rodriguez, 57e) – Kalou, Pauleta (cap.) (Bueno (81e). Entr. : L. Fournier

PSG / Rennes

Parc des Princes (37 747 spectateurs)
Arbitre M. Ruffray
Buts Pauleta (39e, 63e) pour le PSG
Avertissements Kalou (45e), Rothen (87e) pour le PSG ; Ouaddou (83e) pour Rennes
PSG Letizi – Pichot, Rozehnal, Yepes, Mendy – Armand, Dhorasoo, Semak (C. Rodriguez, 86e), Rothen – Kalou, Pauleta (cap.) (Haddad, 89e). Entr. : L. Fournier.
Rennes Isaksson – M'Bia (Perrier-Doumbé, 72e), Ouaddou (Briand, 85e), Adailton, Edman – Bourillon, Didot, Källström, Monterrubio (Gourcuff, 75e), Utaka – Frei. Entr. : L. Bölöni.

RÉSUMÉS

Face à Lens, Paris encaisse un but dès les premiers instants. Sur un centre de Lachor, Yepes dégage le ballon, mais celui-ci revient directement dans les pieds de Thomert qui ne laisse aucune chance à Letizi (2e). L'affaire est bien mal engagée, mais quelques minutes plus tard, Pauleta égalise d'un lob somptueux (6e). Lens ne doute pas et manque de reprendre l'avantage sur une reprise de volée de Cousin (16e). Paris n'est pas en reste. Pauleta, d'une frappe enroulée (19e), et Armand, de la tête (20e), alertent Itandje. Mais sur un corner de Jussiê dévié par Thomert, Aruna redonne la main aux Sang et Or (32e). Les Parisiens sont touchés et Jussiê profite d'une passe en retrait mal assurée par Cissé pour creuser un peu plus l'écart (41e). En deuxième période, Lens va encore accroître son avance. Aruna, idéalement servi par Jussiê, trompe Letizi d'une pichenette (70e). Le PSG profite d'un relâchement lensois pour réduire la marque par Pauleta, qui hérite d'un caviar de Landrin avant de lober à nouveau Itandje (90e). Ensuite par Yepes qui coupe un centre en retrait de Kalou (90e + 2). Trop tard...

L'OL entame idéalement ce match. On joue seulement depuis 5 minutes et Fred profite d'une frappe manquée par Tiago pour ouvrir la marque d'une jolie reprise de volée. Le PSG a bien du mal à digérer ce but encaissé très tôt et Letizi doit s'employer à deux reprises pour ne pas voir s'envoler le suspense du match. D'abord sur un coup franc de Juninho (15e), puis sur une reprise lointaine de Tiago (17e). C'est encore Juninho qui va alerter Letizi sur un énième coup franc, mais son tir tutoie l'arête (32e). Avant la pause, Fred rate le break. Le Brésilien contrôle la balle et ajuste une reprise puissante qui termine sa course dans le petit filet parisien (38e). Le PSG reste discret. Aucune action si ce n'est une volée de Rothen sauvée par Cris sur sa ligne. En revanche, Lyon continue sur sa lancée et Juninho conclut un raid solitaire de 50 mètres par une louche qui heurte le poteau de Letizi (53e). Paris n'a plus rien à perdre et prend enfin des risques. Sur un centre d'Armand, Coupet remporte son duel face à Bueno (92e). Finalement, Carew inscrit le deuxième but lyonnais d'une frappe sèche (93e).

Motivés comme jamais, les Franciliens rentrent très vite dans le vif du sujet. Jérôme Rothen décoche une première frappe qu'Isaksson a bien du mal à détourner (11e). C'est ensuite une déferlante qui s'abat sur les Rennais. Kalou rate le cadre après une jolie reprise (12e), Rothen voit son tir claqué par Isaksson et Pauleta, par trois fois (13e, 19e et 37e), échoue dans ses tentatives. La délivrance vient finalement du Portugais. Bien lancé en profondeur par Rothen, le capitaine parisien ajuste Isaksson et ouvre la marque (39e). Rien à signaler chez les Rennais, mis à part un tir en pivot de Frei (25e) et un essai d'Utaka (45e). Le PSG aurait même pu doubler la mise par Pauleta dont la frappe embrasse le poteau (41e). De retour des vestiaires, les Parisiens continuent de dominer. Après un service de Kalou, Pauleta élimine Adailton d'un crochet du droit avant de marquer du gauche (63e). Dhorasoo frappe au-dessus (65e), Pauleta (66e) et Kalou (70e et 72e) n'ont pas plus de réussite. L'ovation réservée à Pauleta (89e) par le public du Parc des Princes est un beau cadeau pour l'actuel meilleur buteur du championnat avec 12 buts...

RÉACTIONS

Lionel Letizi
« Perdre au Parc, ça fait toujours mal. Mais ce n'est pas immérité car Lens était au-dessus de nous, hormis peut-être sur la fin. On était très motivés, mais Lens nous a marché dessus au début du match. Vu de derrière, c'était comme un rouleau compresseur. On a eu du mal à réagir, on était complètement étouffés. »

Laurent Fournier
« On a trop mal entamé la rencontre pour espérer mieux et on a été trop peu présents devant le but dans une deuxième mi-temps meilleure mais insuffisante. Ça manquait de soutien offensif, peut-être la peur de se faire contrer. Comment parler de titre alors que l'OL est à des années-lumière de nous ? »

Pedro Pauleta
« Je suis content. L'équipe a bien réagi et fait ce qu'elle devait faire : gagner au Parc. On a imposé un pressing tout terrain, on a joué haut, c'est ce que je voulais. J'ai parlé en début de semaine pour agiter un peu le groupe. Je l'ai fait pour le bien de l'équipe et parce que je l'estimais nécessaire. »

THOMSON

AC Ajaccio / PSG 1-1

19e journée, samedi 17 décembre 2005

FEUILLE DE MATCH

Stade François-Coty (5 000 spectateurs)
Arbitre M. Auriac
Buts Rocchi (44e) pour Ajaccio ; Kalou (42e) pour le PSG
Avertissement Kalou (10e) pour le PSG
Ajaccio Trévisan – Laurenti (Bastien, 85e), Dzodic, Collin, Robin – Jabi, Rodrigo (cap.), Rocchi, André Luiz (Scarpelli, 88e) – Lucas (Edson, 75e), K. Diawara. Entr. : R. Courbis.
PSG Letizi – Pichot, Rozehnal, Yepes, Mendy, Armand, Dhorasoo (M'Bami, 54e), Rothen (C. Rodriguez, 69e), Landrin – Kalou, Pauleta (cap.) (Bueno, 85e). Entr. : L. Fournier.

RÉSUMÉ

Disputé sur une pelouse catastrophique, la première mi-temps laisse place à un florilège de ratés techniques et il faut d'ailleurs attendre la 31e minute pour assister à une occasion de but. Sur un corner d'André Luiz, il s'en faut de peu pour que Dzodic n'ouvre la marque d'une tête puissante. La première alerte parisienne est la bonne. Sur une remise de Landrin, Kalou fusille Trévisan et donne l'avantage à son équipe (42e). Paris croit alors avoir fait le plus dur, mais moins de deux minutes plus tard, c'est un ancien du club qui ramène les deux équipes à égalité. Rocchi allume Letizi d'un pointu (44e). Avec deux buts durant cette première période cadenassée, le bilan est assez flatteur. En seconde mi-temps, un seul mouvement parisien pour Kalou qui pousse trop sa balle, contre une tentative ajaccienne sur un coup franc de Robin. Trop peu pour modifier le cours de ce match qui satisfait le PSG. Certes, avec 31 points en 19 matchs, le PSG occupe une sixième place décevante. Mais avec seulement une unité de retard sur le dauphin lensois et une qualification en Champions League encore à portée de pieds…

RÉACTION

Laurent Fournier
« Je suis satisfait du résultat, mais c'est dommage de prendre le but juste après avoir marqué. Néanmoins, les joueurs avaient une grosse envie, ont fait preuve de détermination. C'est intéressant pour la suite. Le plus important était de prendre un ou trois points pour conserver l'espoir de jouer la Ligue des champions. »

BILAN MATCHS ALLERS

Équipe	Pts	J.	G.	N.	P.	p.	c.	Diff.
1. Lyon	44	19	13	5	1	30	13	+17
2. Lens	32	19	7	11	1	27	14	+13
3. Bordeaux	32	19	8	8	3	17	11	+6
4. Auxerre	32	19	10	2	7	26	21	+5
5. Monaco	31	19	9	4	6	19	13	+6
6. Paris SG	**31**	**19**	**9**	**4**	**6**	**23**	**18**	**+5**
7. Marseille	31	19	9	4	6	21	21	0
8. Lille	30	19	8	6	5	26	15	+11
9. Saint-Etienne	29	19	7	8	4	18	12	+6
10. Rennes	26	19	8	2	9	21	30	-9
11. Le Mans	25	19	7	4	8	17	16	+1
12. Nancy	24	19	7	3	9	20	16	+4
13. Nantes	23	19	6	5	8	18	20	-2
14. Nice	22	19	5	7	7	13	17	-4
15. Toulouse	22	19	6	4	9	18	24	-6
16. Troyes	21	19	5	6	8	17	23	-6
17. Sochaux	21	19	5	6	8	12	18	-6
18. Metz	14	19	2	8	9	11	27	-16
19. Ajaccio	13	19	2	7	10	10	23	-13
20. Strasbourg	11	19	1	8	10	10	22	-12

Classement des buteurs

1. **Pedro Miguel Pauleta** (Paris SG), 12
2. Daniel Cousin (Lens), 8
3. Luigi Pieroni (Auxerre), 7
4. Peguy Luyindula (Auxerre), 6
5. Olivier Thomert, Aruna Dindane (Lens), Peter Odemwingie (Lille), John Carew, Fred, Sylvain Wiltord (Lyon), Mamadou Niang, Franck Ribéry (Marseille), Elie Kroupi (Nancy), Alexander Frei (Rennes), Ilan (Sochaux), Daniel Moreira (Toulouse), Sébastien Grax (Troyes), 5

Classement des passeurs

1. Thomas Kahlenberg (Auxerre), Jussiê (Lens), Daisuke Matsui (Le Mans), **Bonaventure Kalou** (Paris SG), Olivier Monterrubio (Rennes), 5 passes
6. Geoffrey Dernis (Lille), Sidney Govou (Lyon), 4

Classement des meilleures attaques

1. Lyon, 30 buts marqués
2. Lens, 27
3. Auxerre et Lille, 26
4. **Paris SG,** 23

Classement des meilleures défenses

1. Bordeaux, 11 buts encaissés
2. Saint-Etienne, 12
3. Lyon et Monaco, 13
5. Lens, 14

Classement du fair-play

1. Auxerre, 25 jaunes, 1 rouge
2. Saint-Etienne, 31 jaunes, 1 rouge
3. Ajaccio, 37 jaunes, 0 rouge
4. Le Mans, 30 jaunes, 3 rouges
5. Marseille, 37 jaunes, 1 rouge
18. **Paris SG**, 46 jaunes, 3 rouges
19. Nancy, 47 jaunes, 4 rouges
20. Monaco, 40 jaunes, 7 rouges

THOMSON
THOMSON

STAGES

THOMSON

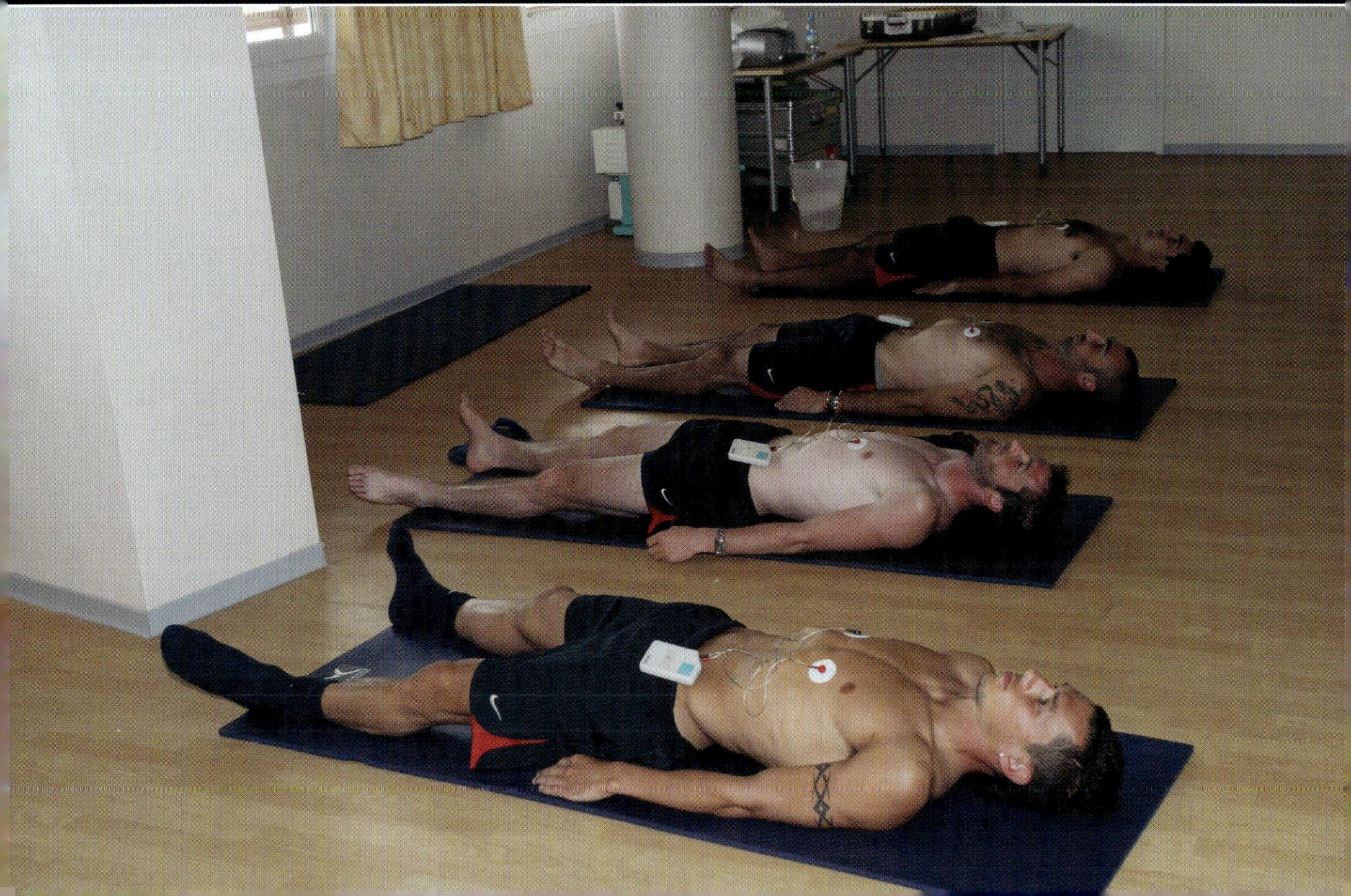

THOMSON
THOMSON

cornilleau

PSG
THOMSON
THOMSON

THOMSON
THOMS

Ouest-France
AIRNESS

L1 - MATCHS RETOURS

PSG / Sochaux 3-1
20e journée, mercredi 4 janvier 2006

Toulouse / PSG 1-0
21e journée : jeudi 12 janvier 2006

PSG / Troyes 2-1
22e journée, dimanche 15 janvier 2006

FEUILLES DE MATCHS

Parc des Princes (36 806 spectateurs)
Arbitre M. Chapron
Buts Landrin (27e), Pancrate (58e), Pauleta (73e) pour le PSG ; Sène (56e) pour Sochaux
Avertissements Rothen (51e), Landrin (82e), Pauleta (85e) pour le PSG ; Daf (91e) pour Sochaux
PSG Letizi – Mendy, Rozehnal, Yepes, Armand – M'Bami, Dhorasoo, Rothen, Landrin (E. Cissé, 87e), Pancrate (90e) – Pauleta (cap.). Entr. : G. Lacombe
Sochaux Richert – Daf, Afolabi, So. Diawara, N'Daw – Isabey (cap.), Pitau, Sène, Brunel – Ilan (Zaïri, 78e), Menez (Dagano, 78e). Entr. : D. Bijotat

Stadium Municipal (20 151 spectateurs)
Arbitre M. Sars
But Moreira (87e) pour Toulouse
Avertissements Sirieix (18e) pour Toulouse ; Armand (40e), Mendy (41e), Rozehnal (64e) pour le PSG
Toulouse Revault (cap.) – Ebondo, Aubey, Arribagé, Mathieu – Sirieix, Dieuze, Taider, Battles (Akpa Akpro, 75e) – Mansaré (Dao, 90e), Moreira. Entr. : E. Mombaerts
PSG Letizi – Mendy, Rozehnal, Yepes, Armand – E. Cissé (Pancrate, 67e), M'Bami, Dhorasoo, Rothen, Landrin – Pauleta (cap.). Entr. : G. Lacombe

Parc des Princes (35 118 spectateurs)
Arbitre M. Kalt
Buts Pauleta (45e +2 s.p.), Pancrate (90e +4) pour le PSG ; G. Ba (50e) pour Troyes
Avertissements M'Bami (16e), Mendy (25e), Dhorasoo (44e) pour le PSG ; Boucansaud (45e), Matuidi (46e) pour Troyes
PSG Letizi – Mendy, Rozehnal, Yepes, Armand – M'Bami, Dhorasoo, Semak (Dja Djedje, 83e), C. Rodriguez (Pancrate, 73e), Landrin – Pauleta (cap.). Entr. : G. Lacombe
Troyes Le Crom – Montero, I. Faye, Dujeux, Boucansaud – Amzine, Matuidi, Tourenne (cap.) (Boskovic, 67e), Nivet (Enza Yamissi, 88e) – Grax (Nadé, 58e), G. Ba. Entr. : JM. Furlan

RÉSUMÉS

Plus que la prestation du PSG, c'est l'attitude des spectateurs du Parc des Princes à l'entame du match qui surprend. Quelques banderoles pour remercier Laurent Fournier et des applaudissements pour accueillir Guy Lacombe. Le ton est donné. Un tir de Pauleta à côté (4e) et une tête trop puissante de Landrin (7e) lancent définitivement le match. La première grosse action est signée Rothen dont la frappe violente met Richert à contribution (22e). La délivrance vient de Landrin qui reprend du pointu une offrande venue de la droite de Mendy (27e). Transparents durant la première mi-temps, ce sont pourtant les Doubistes qui reviennent à la marque dès leur retour des vestiaires. Sur un centre de Brunel dévié par Yepes, Sène ramène les deux équipes à égalité d'un tranquille plat du pied (56e). Le PSG n'a pas le temps de douter. Deux minutes plus tard, Rothen centre pour Landrin, lequel laisse filer le ballon derrière lui pour Pancrate qui marque d'une frappe à la trajectoire pour le moins étonnante (58e). Plus rien n'arrête Paris qui enchaîne même un troisième but grâce à une tête de Pauleta après un centre d'Armand (73e). Guy Lacombe a réussi son pari.

Pour la deuxième fois de la saison (après les 1/8e de finale de la Coupe de la Ligue), Toulouse fait trébucher le PSG. Durant la première mi-temps, les joueurs s'observent mais ne prennent aucun risque. Aucune occasion à signaler, si ce n'est ce tir lointain de Sirieix capté aisément par Letizi (35e). Si la défense parisienne donne des signes rassurants, l'attaque est discrète. Le match va pourtant gagner en intensité durant les 45 dernières minutes. Taider lance la mèche, mais voit son tir dévié par le mollet de Yepes (54e). La réaction parisienne ne se fait pas attendre. Il ne faut pas plus de deux minutes à Pauleta pour s'essayer d'une frappe lointaine, mais son tir passe largement au-dessus (56e). Yepes, excellent pendant toute la rencontre, exécute une jolie reprise qui file au-dessus (82e). A quelques minutes du terme et alors que les hommes de Guy Lacombe croient avoir fait le plus difficile, ils vont se faire surprendre. Sur un débordement de Mansaré, Moreira reprend le ballon et ouvre la marque (87e). Les Franciliens s'inclinent sans même avoir eu le temps de réagir.

Malgré un douloureux souvenir du Parc des Princes, les Troyens rentrent très vite dans le match grâce à une frappe puissante de Nivet stoppée par Letizi. Le PSG réagit sur un tir de Pauleta qui flirte avec la lucarne de Le Crom (13e). Troyes joue sans complexe et Grax prend ses responsabilités sur coup franc, sans réussite (25e). Le jeu se stabilise alors au milieu du terrain jusqu'à ce que Rodriguez se lance dans une chevauchée folle arrêtée irrégulièrement par Boucansaud. L'occasion pour Pauleta d'inscrire son 14e but de la saison (45e). Les Rouge et Bleu poursuivent sur leur lancée en deuxième période, mais Ba profite d'un corner de Nivet pour s'élever et catapulter le cuir au fond des filets (50e). Tout est à refaire pour Paris qui ne se décourage pas. Les coups de butoirs répétés de Rodriguez ne suffisent pas et Paris se met à douter. La domination parisienne va finalement être récompensée par Pancrate, rentré en jeu un quart d'heure auparavant. Sur une remise de Pauleta, l'ancien manceau fusille Le Crom du pied gauche et offre les trois points à son équipe (90e +4). C'est ce qu'on appelle un coaching gagnant...

RÉACTIONS

Guy Lacombe (entraîneur du PSG)
« On a vu un beau PSG, mais il y a encore beaucoup de choses à faire. Il y a un groupe et chacun aura sa chance. Dès lors que le joueur joue pour l'équipe et pour la gagne... Je compterai sur tout le monde. Je remercie le public. Il a compris que j'étais là pour l'aider, lui faire plaisir, aider l'équipe à bien marcher, à avoir du bonheur. »

Modeste M'Bami
« On a bien géré, mais encore une fois on a manqué de concentration. Le coach nous avait prévenus, on savait que ce serait un combat, et jusqu'au but on n'a rien lâché. Le malheur c'est qu'on perd ici deux fois dans les dix dernières minutes. On va continuer à travailler, on sait qu'on peut faire mieux. »

Guy Lacombe
« Sur la deuxième période, cela aurait été dur de ne pas gagner. Il y a eu du jeu, des renversements de jeu, des percussions intérieures. On a senti une réaction, une équipe peut naître dans ce genre de victoire. On a fait une erreur de concentration sur le but, mais on a quand même dominé. »

Esso
THOMSON

THOMSON

Nice / PSG 1-0
23e journée : samedi 21 janvier 2006

Strasbourg / PSG 1-1
24e journée : mercredi 8 février 2006

PSG / Saint-Étienne 2-2
25e journée : samedi 4 février 2006

»»»»»»»»»»»»»» FEUILLES DE MATCHS

Stade du Ray (11 941 spectateurs)
Arbitre M. Duhamel
But S. Traoré (88e) pour Nice
Avertissements Abardonado (23e), S. Traoré (88e) pour Nice ; M'Bami (37e) pour le PSG
Nice Grégorini – Fanni, S. Traoré, Abardonado, Varrault (cap.) – Echouafni, Rool, Balmont, Vahirua (Ederson, 81e) – M. Bagayoko (Jarjat, 90e), Bellion (Roudet, 72e).Entr. : F. Antonetti
PSG Letizi – Pichot, Rozehnal, Yepes, Mendy – Armand, M'Bami, Semak (E. Cissé, 67e), Landrin – Pancrate, Pauleta (cap.). Entr. : G. Lacombe

Stade de la Meinau (17 803 spectateurs)
Arbitre M. Auriac
Buts Diané (13e) pour Strasbourg ; Pauleta (31e) pour le PSG
Avertissements Loué (50e), Deroff (81e), Abdessadki (90e) pour Strasbourg ; M'Bami (60e) pour le PSG
Strasbourg Puydebois – Deroff, Devaux (cap.), Kanté, Abou Mossalem – Loué (Haggui, 73e), Abdessadki, Le Pen (Gmamdia, 18e), A. Farnerud – Nemeth (Vergerolle, 68e), Diané. Entr. : J. Dugueperoux
PSG Alonzo – Pichot, Rozehnal, Yepes, Armand – M'Bami, E. Cissé, Dhorasoo, C. Rodriguez (Mendy, 62e), Bueno (Pancrate, 46e), Pauleta (cap.). Entr. : G. Lacombe

Parc des Princes (43 026 spectateurs)
Arbitre M. Lannoy
Buts Pauleta (31e), Pancrate (82e) pour le PSG ; Piquionne (16e), Alonzo (34e csc) pour Saint-Étienne
Avertissements Rozehnal (27e), Pauleta (77e), Yepes (88e) pour le PSG ; Z. Camara (19e), Postiga (23e), Piquionne (27e) pour Saint-Étienne
PSG Alonzo – Mendy (Pichot, 46e), Rozehnal, Yepes, Armand – M'Bami, E. Cissé (Bueno, 71e), Dhorasoo, Landrin (Pancrate, 46e), Rodriguez – Pauleta (cap.). Entr. : G. Lacombe
Saint-Étienne Janot – F. Diawara, Hognon, Z. Camara, Basto – Perquis (Dabo, 90e), Hellebuyck, Perrin, Sablé (cap.) – Postiga, Piquionne (Gomis, 75e). Entr. : E. Baup

»»»»»»»»»»»»»»»»»»»»»»»»» RÉSUMÉS

Pour ce déplacement à Nice, le PSG est privé de nombreux titulaires : Dhorasoo, Rothen et Rodriguez blessés et Kalou à la CAN. Guy Lacombe aligne Landrin, Semak et fait monter Mendy d'un cran pour soutenir M'Bami. Pancrate a la charge d'accompagner Pauleta sur le front de l'attaque. Les Niçois bousculent cette équipe remaniée du PSG dès les premiers instants. Bagayoko, d'une reprise acrobatique, chauffe Letizi (5e). Le temps pour Pauleta de rentrer dans la partie et Paris se procure sa première occasion. Sur une remise en retrait de Semak, le Portugais contrôle et voit son tir difficilement capté par Grégorini (10e). A la 22e minute, Pauleta, encore lui, élimine Varrault mais écrase trop sa frappe. S'en suivent un coup franc d'Armand stoppé (24e) et surtout une magnifique tête de Pancrate bien servi par Pauleta qui heurte le poteau (36e). De retour des vestiaires, les Franciliens continuent de bouger les hommes d'Antonetti mais les tentatives de Semak (60e) et de Pauleta (61e) sont vaines. Les Parisiens finissent par regretter cette domination puisque sur un corner vite joué par Roudet, Traoré coupe la trajectoire du cuir et trompe Letizi.

Initialement prévu le 28 janvier, ce déplacement à Strasbourg a finalement été reporté en raison des conditions climatiques. C'est avec dix jours de retard mais une ambition retrouvée que Paris aborde ce match. D'entrée de jeu, les Parisiens se montrent dangereux. Armand, d'une frappe lointaine, fait frissonner le public de la Meinau (4e). Les Strasbourgeois réagissent immédiatement par Nemeth (5e) puis Le Pen (6e) qui obligent Alonzo à sortir le grand jeu. Les Alsaciens vont trouver l'ouverture sur leur troisième action dangereuse. Diané profite d'une remise de la tête de Farnerud pour ouvrir la marque. Pauleta égalise (31e) sur un coup franc direct. Insuffisant pour effrayer Diané, auteur d'une nouvelle percée meurtrière, et qui manque de redonner l'avantage aux siens (45e). En seconde période, les hommes de Guy Lacombe continuent d'afficher un visage séduisant, mais ni Pauleta (51e), ni Pancrate à trois reprises (60e, 61e, 68e), ne parviennent à faire la différence. Paris et Strasbourg se séparent sur ce score de parité qui n'arrange aucune des deux formations.

La partie débute sur les chapeaux de roue et Pauleta tente sa chance par deux fois. D'abord de la tête, ensuite sur coup franc, mais Janot repousse les essais du Portugais (3e et 6e). Les Stéphanois vont trouver la faille sur leur première réplique. Suite à un missile de Perrin, Piquionne refroidit les tribunes du Parc des Princes (17e). C'est une nouvelle fois Pauleta qui va redonner le sourire aux supporters. Sur un service de Rodriguez, le Portugais trompe imparablement Janot (31e). Postiga égalise trois minutes plus tard d'une frappe puissante qu'Alonzo propulse dans ses propres buts (34e). A l'heure de jeu, Rozehnal (60e) et Yepes (63e) se chargent de mettre la machine parisienne en route sur des tentatives lointaines. Ensuite, Pauleta, bien servi en profondeur par Dhorasoo, voit sa frappe frôler le poteau. La délivrance va finalement venir de Pancrate, qui reprend de volée une belle déviation de Yepes sur laquelle Janot ne peut réaliser de miracles... Le joker-buteur parisien a même l'occasion d'offrir la victoire à son équipe, mais Janot, dans un grand jour, n'est pas du même avis (90e).

»»»»»»»»»»»»»»»»»»»»»»»»»»»»»» RÉACTIONS

Pedro Pauleta
« Quand l'équipe joue comme ce soir, elle ne mérite pas de perdre. On a bien joué, même très bien. La chance n'est pas avec nous à l'extérieur. On a joué 90 minutes, on a eu des occasions. On a tout fait pour gagner. Nice va une fois au but et marque. Maintenant, on va travailler dur pour aller chercher les trois points à Strasbourg. »

Guy Lacombe
« C'est un match qu'on devait gagner et c'est ce que j'ai dit aux joueurs à la mi-temps. Mais il aurait fallu plus d'allant, plus de volonté d'aller vers le but adverse. Mes joueurs manquent de confiance, ils sont traumatisés par leurs défaites à l'extérieur. C'est dommage. Strasbourg était bon à prendre car Strasbourg avait peur. »

Vikash Dhorasoo
« On peut nous reprocher beaucoup de choses, mais pas d'avoir mis tout notre cœur pour revenir deux fois au score. Cela prouve qu'on ne lâche pas et qu'on y a cru jusqu'au bout. Moi, je ne renonce pas, les autres non plus. On va parvenir à terminer en haut du classement. »

Emirates
PSG
Orange

Lille / PSG 0-0
26e journée : dimanche 12 février 2006

PSG / Le Mans 0-1
27e journée, samedi 18 février 2006

Nantes / PSG 0-0
28e journée, samedi 25 février 2006

›››››››››››››› FEUILLES DE MATCHS

tadium Nord (13 392 spectateurs)
rbitre M. Poulat
vertissements K. Keita (17e), Makoun (57e), halmé (90e) pour Lille ; M'Bami (44e), Armand 65e) pour le PSG
ille Malicki – Chalmé, Tavlaridis, Schmitz, afforeau (cap.) – Makoun, Cabaye (Mirallas, 69e), odmer, Dernis (Debuchy, 81e) – K. Keita, oussilou (Fauvergue, 80e). Entr. : C. Puel
SG Alonzo – Pichot, Rozehnal, Yepes, Armand – . Cissé, M'Bami, Rothen, Landrin – Pauleta (cap), ancrate (Mendy, 81e). Entr. : G. Lacombe

Parc des Princes (39 655 spectateurs)
Arbitre M. Thual
But Fauré (5e s.p.) pour Le Mans
Avertissements Yepes (77e), C. Rodriguez (77e) pour le PSG ; Matsui (53e), Bangoura (80e) pour Le Mans
PSG Alonzo – Pichot, Rozehnal, Yepes, Armand, E. Cissé, M'Bami, Dhorasoo (Kalou, 46e), Rothen (C. Rodriguez, 59e) – Pauleta (cap.), Pancrate. Entr. : G. Lacombe.
Le Mans Pelé – Fischer, Basa, O. Thomas, Bonnart (cap.) – F. Thomas, Hautcoeur, Matsui (Chiumiento, 68e), Fanchone (Cerdan, 87e) – Bangoura (Pinault, 82e), Fauré. Entr. : F. Hantz

Stade de la Beaujoire (32 691 spectateurs)
Arbitre M. Duhamel
Avertissements Toulalan (60e) pour Nantes ; E. Cissé (45e), Armand (50e, 69e) pour le PSG
Expulsion Armand (69e) pour le PSG
Nantes Landreau (cap.) – Savinaud, Guillon, Cetto, Signorino – Toulalan, Faé, Da Rocha, Rossi (Ca 52e) – Diallo (Glombard, 81e), Bamogo. Entr. : S. Le Dizet
PSG Alonzo (Letizi, 46e) – Pichot, Rozehnal, Yepes, Armand – E. Cissé, M'Bami, Landrin, Pancrate (Mendy, 70e) – Pauleta (cap.), Kalou (C. Rodriguez, 87e). Entr. : G. Lacombe

›››››››››››››››››››››››››› RÉSUMÉS

e point pris au stade Villeneuve d'Ascq est sans doute le plus significatif de la saison. Car résister à Lille, voire lui confisquer le ballon, n'est pas chose aisée. 'entame de partie volontaire des arisiens, une percée de Pancrate et un coup franc de Rothen, surprend Lille. Il faut attendre près de 25 minutes pour voir les Dogues sortir de leur torpeur sur un tir de Keita repoussé sur sa ligne par Rozehnal. Les Franciliens répondent par Pancrate qui devisse son tir (27e). La fin de mi-temps est plutôt Lilloise, mais ni la frappe de Keita (37e), ni un coup franc de Bodmer (45e) ne trompent Alonzo. En seconde période, Dernis sert Moussilou qui contrôle avant de shooter sur le poteau (59e). Dernis va même piéger Alonzo sur un coup franc flottant, mais le ballon heurte à nouveau le montant (69e). En fin de match, sur un mauvais renvoi de Schmitz, Pauleta hérite du ballon et décoche une fusée malheureusement trop croisée (73e). Une minute plus tard, sur une action similaire, le Portugais décale Pancrate, mais Tafforeau dévie son tir. Un ultime missile de Rozehnal ne permet pas à Paris de marquer ce but qui lui aurait fait tant de bien.

Dès le début de partie, les Mucistes s'engagent sur la bonne voie en obtenant un penalty généreusement accordé par M. Thual, consécutif à une main involontaire de Rozehnal. Fauré se charge de le transformer (5e). Paris ne laisse pas le doute s'installer et réagit grâce à une frappe de Cissé détournée par Pelé (15e). La pression s'accumule sur le but manceau, mais c'est encore Fauré, de la tête, qui oblige Alonzo à une splendide parade (27e). Dans la foulée, Pauleta décoche son premier tir (30e). L'arbitre sépare les deux formations après une dernière percée de Fanchone (40e). De retour des vestiaires, les Manceaux poussent pour tenter de doubler la mise et Fauré, d'une nouvelle tête, manque d'y parvenir. La vivacité de Matsui pose des difficultés à l'arrière-garde parisienne et Guy Lacombe décide alors de faire rentrer Rodriguez. Kalou réalise un exploit individuel, mais voit sa frappe repoussée par Pelé (72e). Derrière, Fanchone gâche une occasion en or de faire le break. A la 86e minute, Kalou croit même à l'égalisation avant que l'arbitre ne signale une charge peu évidente de l'Ivoirien sur un adversaire.

Une nouvelle fois solide défensivement, le PSG a manqué d'un brin d'efficacité pour ramener les trois points. Car dans le jeu, les Parisiens ont affiché un meilleur visage que celui des Canaris. Ce sont les hommes de Guy Lacombe qui réalisent la meilleure entame de match puisque Landrin manque d'ouvrir le score après une combinaison entre Pauleta et Kalou (6e). La plus grosse alerte est justement l'œuvre de Kalou. Suite à un corner dévié par Cissé, l'Ivoirien reprend le cuir de volée que Landreau détourne sur Faé, placé sur la ligne (39e). Mis à part quelques coup de pieds arrêtés, les Jaunes n'ont rien montré. Cela ne va d'ailleurs pas s'améliorer par la suite. Suite à un service de Landrin, Pauleta voit son tir repoussé par la base du poteau alors que son second essai frôle la cage (49e). Puis c'est au tour de Kalou de s'essayer de loin, mais Landreau assure le coup (64e). Finalement, Paris n'est mis en danger que dans les 20 dernières minutes durant lesquelles Sylvain Armand est expulsé pour un second avertissement. Nantes reprend la possession de balle et s'offre une ultime possibilité de marquer sur un essai de Da Rocha (90e).

›››››››››››››››››››››››››››››››››› RÉACTIONS

Guy Lacombe
« On prend un point, c'est une bonne opération, car Lille ne s'échappe pas au classement. Lille est une équipe qui s'adapte bien à l'adversaire. Elle a su, après vingt minutes, lire notre plan de jeu et a bien rectifié le tir. Maintenant, il nous faut un peu de chance. Actuellement, on est un peu en déficit de ce côté-là. »

Guy Lacombe
«C'est une soirée très difficile. Nous avons mal débuté la partie. Ce n'était pas faute de le dire. Nous n'avons pas assez pris au sérieux cette équipe du Mans. On l'avait dit. Ce soir, c'est un scénario catastrophe. On ne pouvait pas le pressentir. Les joueurs avaient peut être gagné avant de rentrer sur la pelouse.»

Pedro Pauleta
« Nous avons réalisé un bon match avec une grosse dépense d'énergie de toute l'équipe. Je regrette simplement l'expulsion d'Armand et ma frappe sur le poteau. A 11 contre 11, le match n'était pas le même et nous aurions finalement pu l'emporter. Je pense malgré tout que nous empochons un bon point. Lorsque le groupe va dans le même sens, le PSG est fort. »

PARTOUCHE CASINO
12
THOMSON
THOMSON
21

24

PSG / Marseille 0-0
29e journée, dimanche 5 mars 2006

Nancy / PSG 1-1
30e journée, samedi 11 mars 2006

PSG / Auxerre 4-1
31e journée, dimanche 19 mars 2006

FEUILLES DE MATCHS

arc des Princes (43 906 spectateurs)
rbitre M. Sars
vertissements Carrasso (65e), Bocaly (85e) pour larseille
SG Letizi – Pichot, Rozehnal, Yepes (Rothen, 46e), lendy (Paulo César, 32e) – E. Cissé, M'Bami, andrin, C. Rodriguez (Pancrate, 71e) – Kalou, auleta (cap.). Entr. : G. Lacombe
larseille Carrasso – Bocaly, André Luis, Civelli, antareil (cap.) – Pradie, Delfim, Gastine (P. Diop, 3e), M. N'Diaye, M. Dennoun (Flachi, 55e, N'Gom, 9e) – Gimenez. Entr. : J. Fernandez

Stade Marcel-Picot (17 631 spectateurs)
Arbitre M. Fautrel
Buts Brison (23e) pour Nancy ; Kalou (76e) pour le PSG
Avertissements Da Costa (17e), Gavanon (46e) pour Nancy ; Kalou (33e) pour le PSG
Nancy Bracigliano (cap.) - Chrétien, Da Costa, Diakhaté, Lécluse, Brison - André Luiz, Bérenguer (Kroupi, 84e), Gavanon - Camerling (Zerka, 46e), Kim (Sarkissian, 75e). Entr. : P. Correa
PSG Alonzo - Pichot (Dhorasoo, 60e), Rozehnal, Yepes, Paulo César - E. Cissé, M'Bami, Landrin (Pancrate, 68e), Rothen - Kalou, Pauleta (cap.). Entr. : G. Lacombe

Parc des Princes (35 528 spectateurs)
Arbitre M. Colombo
Buts Kalou (26e, 57e), Bolf (37e csc), Pauleta (55e pour le PSG ; Mathis (59e) pour Auxerre
Avertissements Dhorasoo (85e), Rodriguez (90e+3 pour le PSG
PSG Alonzo - Mendy, Rozehnal, Armand, Paul César - E. Cissé, M'Bami, Dhorasoo (Pichot, 90e Rothen (Rodriguez, 87e) - Kalou, Pauleta (cap. (Bueno, 87e). Entr. : G. Lacombe.
Auxerre Cool - Sagna, Bolf, Kaboul, Rade (Grichting, 60e) - Violeau (cap.), Cheyrou, Mathis Akalé (Pieroni, 79e), Kahlenberg (Lachuer, 76e) Luyindula. Entr. : J. Santini

RÉSUMÉS

On l'attendait comme le match de l'an-née, mais entre une équipe parisienne méconnaissable et une formation marseillaise renforcée par les jeunes de CFA 2, difficile d'espérer mieux que le triste spectacle qui a été proposé aux spectateurs du Parc des Princes. Les Franciliens tentent très vite de calmer les ardeurs des minots olympiens grâce à une tête de Kalou sur un coup franc de Rodriguez (3e). Le PSG va alors connaître un grand vide durant la première mi-temps. Il faut attendre une frappe de Paulo César, sauvée sur sa ligne par Cantareil alors que Carasso était battu, pour voir la seconde alerte des Rouge et Bleu (37e). Rien d'autre à signaler dans ces quarante-cinq premières minutes. L'arbitre renvoie les joueurs aux vestiaires sous les sifflets stridents des supporters, légitimement déçus par la prestation offerte. Paris continue de dominer et de buter irrémédiablement sur le mur marseillais. En fin de partie, Kalou s'écroule dans la surface sans que M. Sars ne trouve quelque chose à dire. Une ultime tentative sur une frappe de Pancrate ne permet pas au club de la capitale d'arracher les trois points (89e).

Le match débute bien mal pour Guy Lacombe et ses hommes. Après un début équilibré, le milieu de terrain Pascal Berenguer prend sa chance sur un coup franc des 30 mètres. Jérôme Alonzo repousse des deux poings mais le jeune Brison, seul au point de penalty, a suivi et ouvre le score pour l'ASNL (24e). Rien ne va plus côté parisien, surtout lorsque Sylvain Armand provoque un penalty dès l'entame de la seconde période, pour une faute sur Mickaël Chrétien. Le milieu défensif devenu buteur, Moncef Zerka, s'élance et rate la cible (49e) ! C'est le tournant de la partie puisque, dès lors, les Franciliens sonnent la révolte. Pauleta s'essaye par deux fois mais bute sur une défense nancéienne solide (50e). Écarté depuis deux matchs, Dhorasoo retrouve les faveurs de son entraîneur pour la dernière demi-heure. Le jeu s'accélère sous l'impulsion de l'ancien Milanais et Cissé, décalé côté droit, sert Kalou, plus vif que son vis-à-vis pour venir tromper Bracigliano (1-1, 77e). La fin de la rencontre est totalement à l'avantage des visiteurs. Mais Pauleta (82e) puis Pancrate (94e) ne parviennent pas à offrir la victoire à leur formation.

Pauleta et ses coéquipiers prennen d'entrée de jeu le dessus sur des adversaires trop attentistes. Après plusieurs alertes chaudes, le capitaine reçoit u ballon côté droit et sert Kalou dans l surface. L'Ivoirien ne se fait pas prier e passe devant son garde du corps pou ajuster Fabien Cool d'un plat du pie imparable (1-0, 26e). Sous la pressio d'un public enfin libéré, les locaux poussent les Icaunais à la faute. Le centr travaillé de Rothen trouve René Bolf, qu trompe son propre gardien d'une têt plongeante (2-0, 37e). Dès la reprise, le Parisiens continuent d'attaquer. Et toujours avec la même efficacité. Pauleta reçoit un ballon dans la profondeur e se joue de Radet avant de placer un frappe du droit qui termine sa course a fond des filets (3-0, 55e). L'affaire es pliée, mais Kalou, idéalement servi pa un Vikash Dhorasoo, signe le doubl d'une subtile reprise de l'intérieur d pied (4-0, 57e). Après ce coup d semonce, l'AJA sort quelque peu la têt de l'eau et parvient à réduire la marqu grâce à Mathis (4-1, 59e). Le score e reste là et les Parisiens obtiennent un victoire qui les relance dans la course à l'Europe !

RÉACTIONS

Pierre Blayau
« C'est un sentiment de honte et de tristesse. Le PSG n'a pas été à la hauteur de l'événement, ni sur le plan moral, ni sur le plan physique. J'éprouve un sentiment de honte du spectacle offert même si on savait bien qu'il s'agissait d'un match piège et que tout était possible sur un match. Au nom du club, je présente mes excuses solennelles au public du Parc des Princes. »

Bonaventure Kalou
« Cela faisait un moment que nous n'avions pas mis de but. On aurait pu gagner ce match et repartir avec les trois points. J'espère que c'est le début d'une nouvelle série. Nous étions convalescents et le but de Nancy nous a un peu plus enfoncé la tête sous l'eau. Mais nous avons montré que nous avions des ressources, c'est encourageant ! »

Guy Lacombe
« Je dédie cette victoire aux supporters. Nous avions beaucoup de choses à nous faire pardonner. La victoire fait du bien aux joueurs, aux spectateurs, à tout le club. Quand elle arrive, c'est que l'état d'esprit est là. Les joueurs veulen aller chercher quelque chose. On v faire étape par étape. »

THOMSON

THOMSON
PlayStation

Monaco / PSG 1-1
32e journée, dimanche 26 mars 2006

PSG / Bordeaux 3-1
33e journée, dimanche 2 avril 2006

Lens / PSG 1-1
34e journée, dimanche 8 avril 2006

»»»»»»»»»»»»»» FEUILLES DE MATCHS

Stade Louis II (11 669 spectateurs)
Arbitre M. Auriac
Buts Chevanton (52e) pour Monaco ; Paulo César (16e) pour le PSG
Avertissements Chevanton (53e), Perez (54e) pour Monaco ; M'Bami (14e), Kalou (53e) pour le PSG
Monaco Roma - Maicon, Givet (cap.) (Modesto, 40e), Squillaci, Dos Santos - Bernardi, Pérez (Plasil, 76e), Meriem, Kapo - Di Vaio, Vieri (Chevanton, 8e) Entr. : F. Guidolin
PSG Letizi - Mendy (Pichot, 79e), Rozehnal, Armand, Paulo César - E. Cissé, M'Bami (Pancrate, 82e), Dhorasoo, Rothen - Kalou (Rodriguez, 65e), Pauleta (cap.). Entr. : G. Lacombe

Parc des Princes (41 913 spectateurs)
Arbitre M. Chapron
Buts Pauleta (6e, 38e s.p., 43e) pour le PSG ; Perea (22e) pour Bordeaux
Avertissements Bueno (88e) pour le PSG ; Planus (37e), Faubert (48e), Alonso (85e) pour Bordeaux
PSG Letizi - Mendy, Rozehnal, Armand, Paulo César - E. Cissé, M'Bami, Dhorasoo (Landrin, 72e), Rothen - Kalou, Pauleta (cap.) (Bueno, 84e). Entr. : G. Lacombe
Bordeaux Ramé (cap.) - Faubert, Jemmali, Planus, Marange - Mavuba (Ducasse, 65e), Cheyrou, Alonso, Denilson (Francia, 69e) - Laslandes (Lavie, 83e), Perea. Entr. : Ricardo

Stade Felix-Bollaert (39 513 spectateurs)
Arbitre M. Layec
Buts Jussiê (90e s.p.) pour Lens ; Kalou (77e) pou le PSG
Avertissements Cousin (29e), Lachor (59e), Aruna (90e +2) pour Lens ; Dhorasoo (44e), Kalou (60e pour le PSG
Expulsion Yepes (89e) pour le PSG
Lens Itandje - Demont, Hilton (cap.), Coulibaly Lachor - Diarra, Keita, Carrière (Jemaa, 81e) - Frau (Jussiê, 81e), Dindane, Cousin. Entr. : F. Gillot
PSG Letizi - Mendy, Rozehnal, Yepes, Armand Paulo César, E. Cissé, Dhorasoo, Rothen (Pancrate 37e), Kalou - Pauleta (cap.). Entr. : G. Lacombe

»»»»»»»»»»»»»»»»»»»»»»»»» RÉSUMÉS

Au stade Louis II, le PSG débute plutôt mal puisque dès les premières minutes, les Monégasques prennent d'assaut le but de Letizi. Mais le portier francilien reste vigilant sur les tentatives de Di Vaio (4e) et de Bernardi (10e). Une des rares incursions Rouge et Bleu offre ensuite aux artilleurs parisiens un coup franc plein axe à plus de 25 mètres du but adverse. Paulo César s'élance et envoie magistralement le cuir dans la lucarne d'un Flavio Roma spectateur (0-1, 15e). Après cet exploit princier du polyvalent Brésilien, le PSG commence à développer son jeu. Malheureusement, l'efficacité aperçue contre Auxerre n'est pas au rendez-vous monégasque, Cissé (38e), Pauleta (39e) ou Mendy (45e) ne parvenant pas à transformer leurs essais. Pénalisés par les sorties prématurées de Vieri et de Givet, les joueurs du Rocher surprennent tout de même leurs visiteurs dès le début du second acte. Bien servi par Di Vaio au coeur d'une défense déconcentrée, Chevanton remporte son duel avec Letizi et offre le point du nul à sa formation (1-1, 52e). Car malgré une fin de match équilibrée et agréable, plus rien ne sera marqué.

Si l'avant match était empreint de nostalgie avec le retour au Parc des Princes de Ricardo, ex-joueur et entraîneur du PSG, les Parisiens ne vont pas laisser le temps au coach girondin de s'émouvoir. Le départ canon des locaux porte ainsi ses fruits lorsque Mendy, bien décalé par Dhorasoo, adresse un centre parfait pour la tête de Pauleta, esseulé au 2e poteau (1-0, 6e). Les joueurs de la capitale continuent inexorablement leur domination, mais Perea ne tarde pas à faire parler le réalisme bordelais. Le Colombien est en effet servi dans la profondeur par Laslandes et trompe Letizi d'une frappe à ras du sol (1-1, 22e). Les Parisiens repartent à l'attaque et sur une action d'école menée par Dhorasoo puis Kalou, Pauleta est retenu dans la surface par Planus. Le penalty est transformé (2-1, 38e) par le capitaine parisien et le Parc fête de nouveau son héros. Un héros récidiviste puisque peu avant la fin de la première période, sur un centre millimétré de Rothen, le Portugais place une merveille de tête hors de portée de Ramé (3-1, 43e). Premier triplé parisien pour un Pauleta qui aura fait rompre la meilleure défense du championnat.

En ce début de partie, les deux formations se livrent à une rude bataille dans l'entrejeu. Yoann Lachor, bien servi par Carrière, parvient tout de même à apporter le danger devant la cage de Letizi. Mais son centre piqué au second poteau est mal négocié par Daniel Cousin (25e). Rothen sorti sur blessure en fin de première période c'est Fabrice Pancrate qui fait son apparition sur le gazon de Bollaert. Au rayon des occasions, Edouard Cissé pour le PSG (47e, 53e), puis Aruna Dindane (69e, 73e) pour les Sang et Or s'essayent sans toutefois trouver la faille. Alors que les Franciliens montrent des signes de fatigue depuis quelques minutes, Paulo César récupère un ballon et lance parfaitement Kalou dans la profondeur. L'attaquant ivoirien contrôle puis fixe Itandje avant d'enchaîner par une pichenette pleine d'à-propos (1-0, 77e). Guy Lacombe exulte et se dit que plus rien ne l'empêche de remporter sa première victoire à l'extérieur depuis son arrivée au club. Le RCL égalise pourtant dans les arrêts de jeu sur un penalty contestable et contesté. Mario Yepes, pour son retour à la compétition, est expulsé et Jussiê se charge de transformer le coup de pied (1-1, 90e).

»»»»»»»»»»»»»»»»»»»»»»»»»»»»» RÉACTIONS

Guy Lacombe
« Le but qu'on prend est un but de minimes ! Sur une action comme celle-là, c'est vraiment dommage. On manque un peu de réussite. C'est comme ça, j'espère qu'on mettra au fond les occasions lors du prochain match ! »

Pedro Pauleta
« Je respecte beaucoup Bordeaux où j'ai passé trois ans. Mais aujourd'hui, je suis à Paris, je donne tout pour mon club. L'équipe commence à bien jouer, le travail paie. Il est simplement dommage que cela arrive un peu tard pour pouvoir jouer plus haut dans le classement… »

Mario Yepes
« Je ne crois vraiment pas qu'il y ait penalty. C'est une erreur d'appréciation de l'arbitre. C'est le football mais c'est très sévère, surtout pour moi qui n'avait pas joué depuis quelques matches… »

21
FEDCOM

THOMSON
8

Orange

PSG / Lyon 0-1
35e journée : dimanche 16 avril 2006

Rennes / PSG : 1-1
36e journée, mercredi 3 mai 2006

PSG / Ajaccio 2-4
37e journée, samedi 6 mai 2006

»»»»»»»»»»»»»» FEUILLES DE MATCHS

Parc des Princes (43 128 spectateurs)
Arbitre M. Bré
Buts Fred (24e) pour Lyon
Avertissements Mendy (8e), Yepes (19e), Bueno (49e), M'Bami (83e) pour le PSG ; M. Diarra (20e), Cris (51e), Malouda (67e) pour Lyon
PSG Letizi - Mendy, Rozehnal, Yepes, Armand - Paulo César (Pancrate, 72e), E. Cissé, M'Bami (Landrin, 87e), Dhorasoo - Kalou, Pauleta (cap.) (Bueno, 47e). Entr. : G. Lacombe
Lyon Coupet (Vercoutre, 68e) - Réveillère, Cris, Caçapa, Abidal - M. Diarra, Tiago, Juninho - Wiltord (Govou, 68e), Malouda (Ben Arfa, 90e), Fred. Entr. : G. Houllier

Stade de la Route de Lorient (28 425 spectateurs)
Arbitre M. Sars
Buts Källström (71e s.p.) pour Rennes ; Kalou (90e) pour le PSG
Avertissements Sorlin (42e), Mbia (53e) pour Rennes ; Pichot (62e), Armand (70e) pour le PSG
Rennes Isaksson - Bourillon, Ouaddou, Mensah, Perrier-Doumbé - Mbia, Sorlin, Källström, Gourcuff (Faty, 82e), Monterrubio (cap.) - Utaka (Briand, 89e). Entr. : L. Bölöni
PSG Alonzo - Pichot, Rozehnal, Yepes (cap.), Armand - Paulo César, E. Cissé (Dhorasoo, 71e), Mendy (Kalou, 58e), Pancrate - Landrin, Bueno (Pauleta, 58e). Entr. : G. Lacombe

Parc des Princes (41 361 spectateurs)
Arbitre M. Ruffray
Buts Yepes (31e), Pauleta (52e) pour le PSG ; Chafni (20e, 60e), Abdoun (58e), Scarpelli (90e+1) pour Ajaccio
Avertissements M'Bami (26e), Rozenhal (32e) pour le PSG ; Trévisan (74e), Scarpelli (82e) pour Ajaccio
PSG Letizi (Alonzo, 46e) - Mendy, Rozehnal, Yepes, Armand (Paulo Cesar, 73e) - M'Bami (Pancrate, 64e), E. Cissé, Dhorasoo, Rothen - Kalou, Pauleta (cap.). Entr. : G. Lacombe
Ajaccio Trévisan - Collin, Danjou, Laurenti, Robin - Rodrigo (cap.), Rocchi, Scarpelli, Chafni, Abdoun - Lucas. Entr. : J. Pasqualetti

»»»»»»»»»»»»»»»»»»»»»»»»»» RÉSUMÉS

Assurée depuis la veille d'un cinquième titre de champion de France, l'intraitable machine lyonnaise se met en marche après 10 bonnes minutes parisiennes, étouffant complètement son adversaire. Et les occasions chaudes ne tardent pas à s'inviter sur le but de Letizi. A la réception d'un coup franc venu de la droite, Sylvain Wiltord, idéalement placé au second poteau, manque la cible (21e). Les Lyonnais ne quittent plus le camp parisien et sur un corner de l'artificier maison, Juninho, Fred saute plus haut que Rozenhal pour placer un coup de tête vainqueur (0-1, 24e). Diarra manque ensuite le chaos face à Letizi après une percée phénoménale plein axe (33e). Dépassés, les Franciliens peinent à réagir. Surtout que Pauleta, blessé, est contraint de laisser sa place à Carlos Bueno à la pause. Les Parisiens sortent quelque peu la tête de l'eau et parviennent enfin à combiner dans le camp rhodanien. Mais sans réussite devant la cage de Grégory Coupet. En fin de partie, après un shoot de Govou sur le poteau, Bueno s'offre un dernier rush mais manque de lucidité pour espérer arracher l'égalisation.

Quatre jours après le succès en Coupe de France, les Parisiens se déplacent en Bretagne pour y affronter une équipe toute proche de la 3e place. Ce sont logiquement les locaux qui prennent le meilleur départ, mais les frappes de Sorlin (4e), Källström (10e) puis Utaka (24e) sont repoussées par un Jérôme Alonzo des grands soirs. Le PSG peine à réagir, la présence du quatuor Pauleta-Kalou-Dhorasoo-Rothen sur le banc de touche n'étant pas étrangère à ce désert offensif. Dès la reprise, les occasions rennaises sont de retour, avec John Utaka comme principal artificier. D'une frappe enroulée du pied droit (48e) puis d'un puissant coup de tête (63e), le Nigérian est tout près de donner l'avantage aux siens. Alonzo est encore là pour sauver les meubles. Kalou et Pauleta ont fait leur apparition sur le terrain, mais ce sont les Rennais qui parviennent à leur fin sur un penalty transformé par le Suédois Kim Källström (1-0, 71e). Profitant d'une remise involontaire de Perrier-Doumbé dans la surface, Kalou fusille Isaksson d'une demi-volée imparable (1-1, 90e). Déjà qualifié en Coupe UEFA via la Coupe de France, les Parisiens n'ont désormais plus rien à jouer dans ce championnat.

Pour ce dernier match au Parc, la prestation des Parisiens aurait pu être plus heureuse. Face à une équipe d'Ajaccio reléguée mais loin d'être démobilisée, les affaires s'engagent bien mal. Chafni récupère un ballon à l'entrée de la surface, contrôle de la poitrine et envoie une frappe splendide qui laisse Letizi dubitatif (0-1, 20e). Surpris, les Parisiens réagissent par l'intermédiaire de Yepes, venu aux avant-postes pour placer une frappe déviée qui trompe Trévisan (1-1, 31e). Dès la reprise, le PSG se met à l'abri grâce à un chef d'œuvre signé... Pauleta ! Une reprise de volée exceptionnelle qui vient se loger dans la lucarne (2-1, 52e). Dès lors, les locaux se déconcentrent et laissent trop d'espaces à leurs adversaires. En 3 minutes, Abdoun arrache l'égalisation d'une frappe imparable (2-2, 58e), avant que Chafni ne réussisse le doublé (2-3, 60e). Dhorasoo, Rozenhal, Pancrate ou Paulo Cesar tentent ensuite le tout pour le tout afin de revenir au score, mais en vain. Le jeune Scarpelli corse même l'addition (2-4, 90e+1). Une défaite qui n'empêchera pas les Parisiens de présenter au public le trophée de la septième Coupe de France de l'histoire du club !

»»»»»»»»»»»»»»»»»»»»»»»»»»»»»»» RÉACTIONS

Guy Lacombe
« Lors de la causerie d'avant match, j'avais prévenu que Lyon ne serait pas une équipe au rabais ce soir. Ce sont des champions ! Les Lyonnais ont une maîtrise collective qui en dit long sur leur potentiel. C'est une équipe qui use en faisant courir ses adversaires. Tout simplement, nous sommes tombés sur plus fort que nous ! »

Guy Lacombe
« Certains joueurs avaient les jambes un peu lourdes à cause de la finale de samedi dernier, il a donc fallu gérer l'effectif de façon raisonnable. On l'a plutôt pas mal fait et en mettant du poids avec Kalou et Pauleta en fin de match, on pensait même pouvoir l'emporter. Heureusement aussi que Jérôme Alonzo sort un très gros match... »

Guy Lacombe
« C'est vrai que perdre chez soi en ayant eu autant d'occasions, c'est une fête gâchée car nous voulions honorer le public. Si on regarde dans un passé récent, il y a toujours une décompression chez les clubs qui viennent de gagner des titres. C'est humain. On a vu que le public ne nous en voulait pas trop. La célébration de la victoire en Coupe de France a été agréable. Le public nous a fait oublier la défaite. »

THOMSON
ROBIN
5
15
THOMSON

Manpower
MAIRIE DE PARIS
RENAULT TRUCKS

FEUILLE DE MATCH

Stade Saint-Symphorien (15 807 spectateurs)
Arbitre M. Layec
Buts Huszti (87e) pour Metz
Avertissements Huszti (33e) pour Metz ; Badiane (86e) pour le PSG
Metz Marichez - Alioui (Bassong, 43e), Medjani, Borbiconi, Mihoubi - Proment (cap.), Kang, Huszti, Agouazi (Farina, 80e) - Youla, Contout (Gueye, 46e). Entr. J. Muller
PSG Alonzo (cap.) - Mendy, Rozehnal, Badiane, Dramé - M'Bami, E. Cissé, Ragued (Bueno, 66e), Rothen (Dhorasoo, 76e) - Haddad (Armand, 14e), Pancrate. Entr. : G. Lacombe

RÉSUMÉ

La Coupe de France en poche, l'Europe déjà programmée au calendrier de la saison prochaine, le PSG termine cet exercice contre le FC Metz, lanterne rouge du championnat. Pour cet ultime déplacement, Guy Lacombe décide de faire confiance aux jeunes du club. Badiane, Dramé, Ragued et Haddad sont en effet titulaires aux côtés des cadres de l'équipe. Dès la 7e minute, Pancrate reçoit un bon ballon dans la surface et trouve la barre de Marichez d'une frappe lobée. La suite est moins réjouissante avec la sortie sur blessure de Rudy Haddad et une présence offensive bien pauvre de la part des visiteurs. Dès lors, les Lorrains prennent confiance et tentent de venir tromper la vigilance de Jérôme Alonzo. Mais ni Gueye (48e, 49e), ni Youla (58e) n'y parviennent. Les Grenats arrachent tout de même leur sixième victoire de la saison grâce à un coup franc des 20 mètres parfaitement tiré par le Hongrois Huszti (87e, 1-0). Le PSG termine par une défaite et se classe finalement 9e de ce championnat de France 2005-2006. En attendant de nouvelles aventures dès le mois d'août prochain...

RÉACTION

Guy Lacombe
« Nous avons produit un bon match, avec une bonne maîtrise du ballon et une bonne organisation défensive. Nous avons juste manqué de percussion en attaque. Le but encaissé n'était pas vraiment mérité mais il n'y a pas à regretter quoi que ce soit. »

BILAN CHAMPIONNAT

Équipe	Pts	J.	G.	N.	P.	p.	c.	Diff.
1. Lyon	84	38	25	9	4	73	31	+42
2. Bordeaux	69	38	18	15	5	43	25	+18
3. Lille	62	38	16	14	8	56	31	+25
4. Lens	60	38	14	18	6	48	34	+14
5. Marseille	60	38	16	12	10	44	35	+9
6. Auxerre	59	38	17	8	13	50	39	+11
7. Rennes	59	38	18	5	15	48	49	-1
8. Nice	58	38	16	10	12	36	31	+5
9. Paris SG	**52**	**38**	**13**	**13**	**12**	**44**	**38**	**+6**
10. Monaco	52	38	13	13	12	42	36	+6
11. Le Mans	52	38	13	13	12	33	36	-3
12. Nancy	48	38	12	12	14	35	37	-2
13. Saint-Etienne	47	38	11	14	13	29	39	-10
14. Nantes	45	38	11	12	15	37	41	-4
15. Sochaux	44	38	11	11	16	34	47	-13
16. Toulouse	41	38	10	11	17	36	47	-11
17. Troyes	39	38	9	12	17	37	47	-10
18. Ajaccio	33	38	8	9	21	27	53	-26
19. Strasbourg	29	38	5	14	19	33	56	-23
20. Metz	29	38	6	11	21	26	59	-33

Classement des buteurs

1. **Pedro Miguel Pauleta** (Paris SG), 21
2. Peter Odemwingie (Lille), Fred (Lyon), 14
4. Daniel Cousin (Lens), 13
5. Luigi Pieroni (Auxerre), Sylvain Wiltord (Lyon), 12
7. John Utaka (Rennes), 11
8. Peguy Luyindula (Auxerre), Mamadou Niang (Marseille), Mickael Pagis (Strasbourg puis Marseille), Javier Chevanton (Monaco), Mamadou Diallo (Nantes), Ilan (Sochaux), Daniel Moreira (Toulouse), 10 buts

Classement des passeurs

1. Olivier Monterrubio (Rennes), 10 passes
2. Thomas Kahlenberg (Auxerre), 9
3. Daisuke Matsui (Le Mans), Juninho (Lyon), 8
5. Mathieu Bodmer (Lille), 7

Classement des meilleures attaques

1. Lyon, 73 buts marqués
2. Lille, 56
3. Auxerre, 50
4. Lens et Rennes, 48

Classement des meilleures défenses

1. Bordeaux, 25 buts encaissés
2. Nice, Lille et Lyon, 31
4. Lens, 34

Classement du fair-play

1. Auxerre, 47 jaunes, 2 rouges 53
2. Toulouse, 63 jaunes, 2 rouges
3. ASSE, 57 jaunes, 4 rouges
4. Lyon, 67 jaunes, 1 rouge
5. Sochaux, 59 jaunes, 4 rouges
18. Nancy, 77 jaunes, 7 rouges
19. **Paris SG**, 88 jaunes, 5 rouges
20. Monaco, 86 jaunes, 8 rouges

THOMSON

ENTRAÎNEMENTS

THOMSON
THOMSON

WELLNESS
SYSTEM
POWER CONTROL
TECHNOGYM

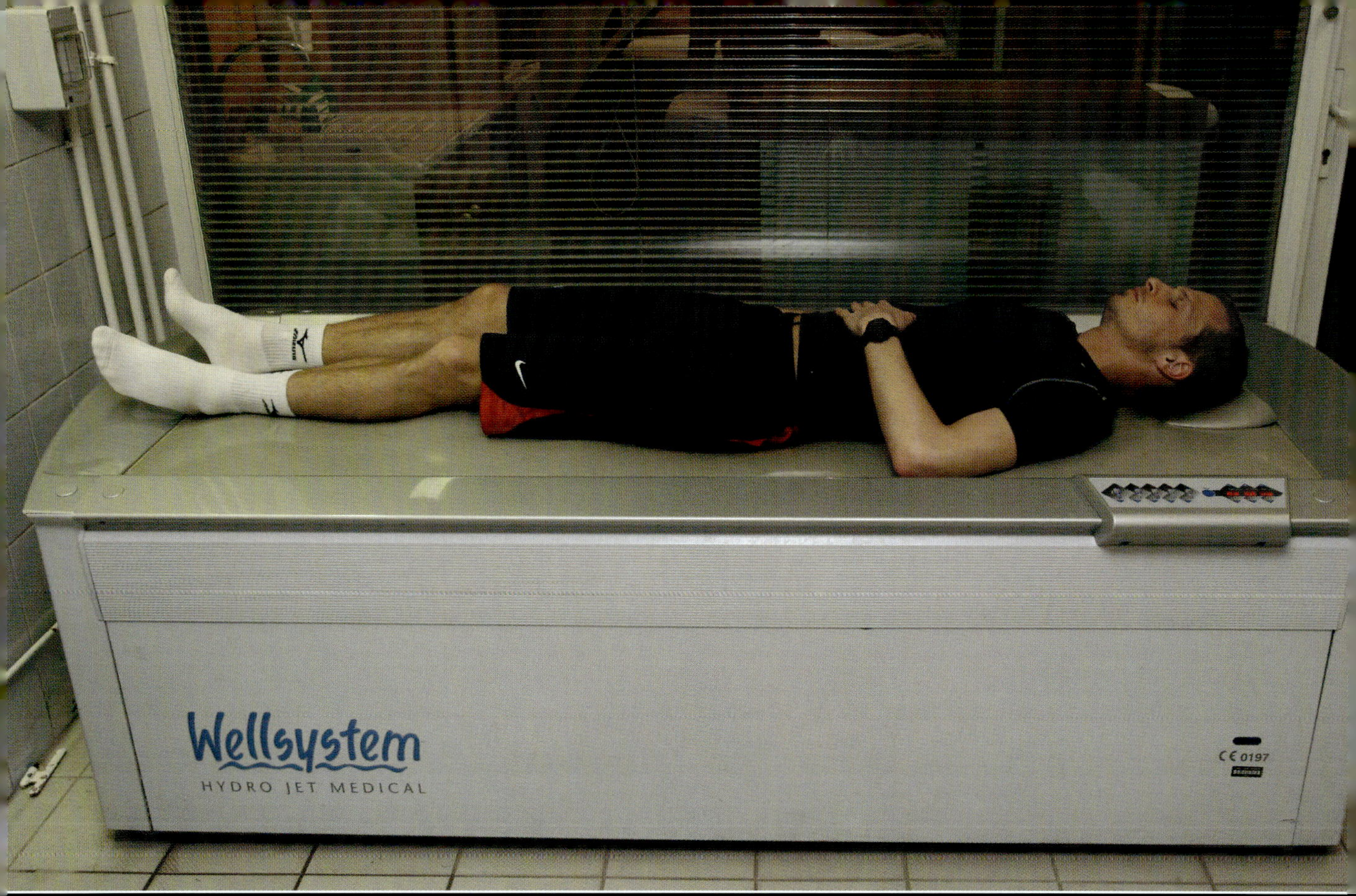
Wellsystem
HYDRO JET MEDICAL

THOMSON
THOMSON

THOMSON

PSG / Troyes : 4-1

16e de finale, mercredi 26 octobre 2005

Toulouse / PSG : 2-0

8e de finale, mercredi 21 décembre 2005

»»»» FEUILLES DE MATCHS

arc des Princes (20 399 spectateurs)
rbitre M. Thual
uts Kouassi (10e c.s.c.), Pauleta (47e, 58e), adiane (73e) pour le PSG, Nivet (90e+1 s.p.)
vertissements Yepes (68e) pour le PSG ; Kouassi 60e) pour Troyes
SG Alonzo - Pichot, Badiane, Yepes, Armand - E. issé, M'Bami, Dhorasoo (Semak, 75e), Pancrate, othen (Haddad, 79e) - Pauleta (cap.) (Dramé, 7e). Entr. : L. Fournier
royes Le Crom - Montero, Drouin, Kouassi, Dujeux Adam (cap.), Boskovic, Nivet - Dallet (Bangoura, 0e), Jaziri (Danic, 67e), G. Ba (Nadé, 79e). ntr. : J.-M. Furlan

Stadium Municipal (21 345 spectateurs)
Arbitre M. Colombo
Buts Mansaré (85e), Moreira (91e) pour Toulouse
Avertissements : Armand (49e) pour le PSG
PSG Alonzo – Pichot, Rozehnal, Yepes, Armand – Landrin, M'Bami, Rodriguez, Semak (Haddad, 87e) – Kalou (Pichot, 87e), Pauleta (cap.) (Bueno, 72e). Entr. : L. Fournier
Toulouse Douchez – Ebondo, Aubey, Arribagé, Mathieu – Bonnet (Mansaré, 62e), Taider, Emana, Battles (Sirieix, 87e) – Bergougnoux (Akpa Akpro, 75e), Moreira. Entr. : E. Mombaerts

»»»»»»»»» RÉSUMÉS

'our son entrée dans cette compétition, e PSG accueille l'ESTAC. Entreprenants et olontaires, les locaux prennent d'entrée e dessus sur leurs adversaires. Dès la 10e ninute, Edouard Cissé prend de vitesse la léfense auboise. Son centre tendu est létourné dans son propre but par le mal- eureux Kouassi (1-0). Kalou suspendu, 'est Dhorasoo qui mène le jeu. De fort elle manière puisqu'il multiplie les uvertures de qualité. À trois reprises 32e, 35e, 45e), Pauleta est mis sur orbite nais manque d'efficacité. Le Portugais ne arde pourtant pas à faire mouche. Servi ar Pancrate, il devance Kouassi avant de attre Le Crom d'un tir de l'intérieur du Iroit (2-0, 47e). On prend les mêmes et n recommence quelques minutes plus ard. Pancrate sert Pauleta, qui fusille son is-à-vis d'un magnifique extérieur du Iroit sous la barre (3-0, 58e). Le jeune léfenseur central formé au club, Jean- Michel Badiane, corse ensuite l'addition. Jne tête rageuse sur un corner tiré par Rothen offre ainsi au novice son premier ut avec l'équipe première (4-0, 73e). Benjamin Nivet réduit la marque en toute in de rencontre sur penalty avant que 'arbitre ne renvoie tout le monde aux estiaires.

Le début de match est bien maîtrisé par les partenaires de Mario Yepes. Seulement deux actions à mettre au crédit des Toulousains : d'abord une tête de Moreira sur corner (12e), puis un tir de Bergougnoux à l'entrée de la surface (18e) qu'Alonzo annihile aisément. Le PSG, bien organisé, réagit par Rodriguez. Armand dépose un modèle de coup franc sur la tête de l'Uruguayen, et c'est la barre transversale qui repousse la tentative du petit feu follet. Toulouse reprend du poil de la bête, mais Alonzo veille au grain notamment sur un essai lointain (38e). C'est ensuite Taider qui tente sa chance de loin, et voit le ballon filer hors du cadre (54e). Sur un corner de Rodriguez, Rozehnal loupe le cuir qui revient dans les pieds de Kalou dont la mine est captée en deux temps par Douchez (59e). En fin de match, le jeu penche en faveur des Violets. Un essai de Battles dans le petit filet (75e) et une action solitaire de Moreira (80e) témoignent de leurs intentions. Une envie récompensée par un but de Mansaré sur une offrande de Moreira (86e). Dans le temps additionnel, Toulouse obtient même un penalty que Moreira transforme (91e). Paris dit au revoir à la Coupe de la Ligue.

»»»»»»»» RÉACTIONS

ean-Michel Badiane
« On a vu un bon PSG ce soir, c'est bien our la confiance. Sur le plan personnel, e suis satisfait de ma prestation. Mais ela ne m'empêchera pas de retourner à 'entraînement demain pour travailler et ontinuer à progresser. Après mon but, le remier avec l'équipe première, je suis out de suite aller le fêter avec ma famille t mes amis, présents en tribune ! »

Laurent Fournier
« On a fait un bon match dans l'ensemble. On avait l'impression que l'on ne devait pas perdre ce match. À la fin, sur un contre, on a manqué de rigueur, d'attention. C'est la Coupe, il faut accepter la défaite. Nous avons manqué de poids devant. C'est vraiment dommage car c'est un moyen rapide d'accéder à une coupe européenne. »

COUPE DE LA LIGUE

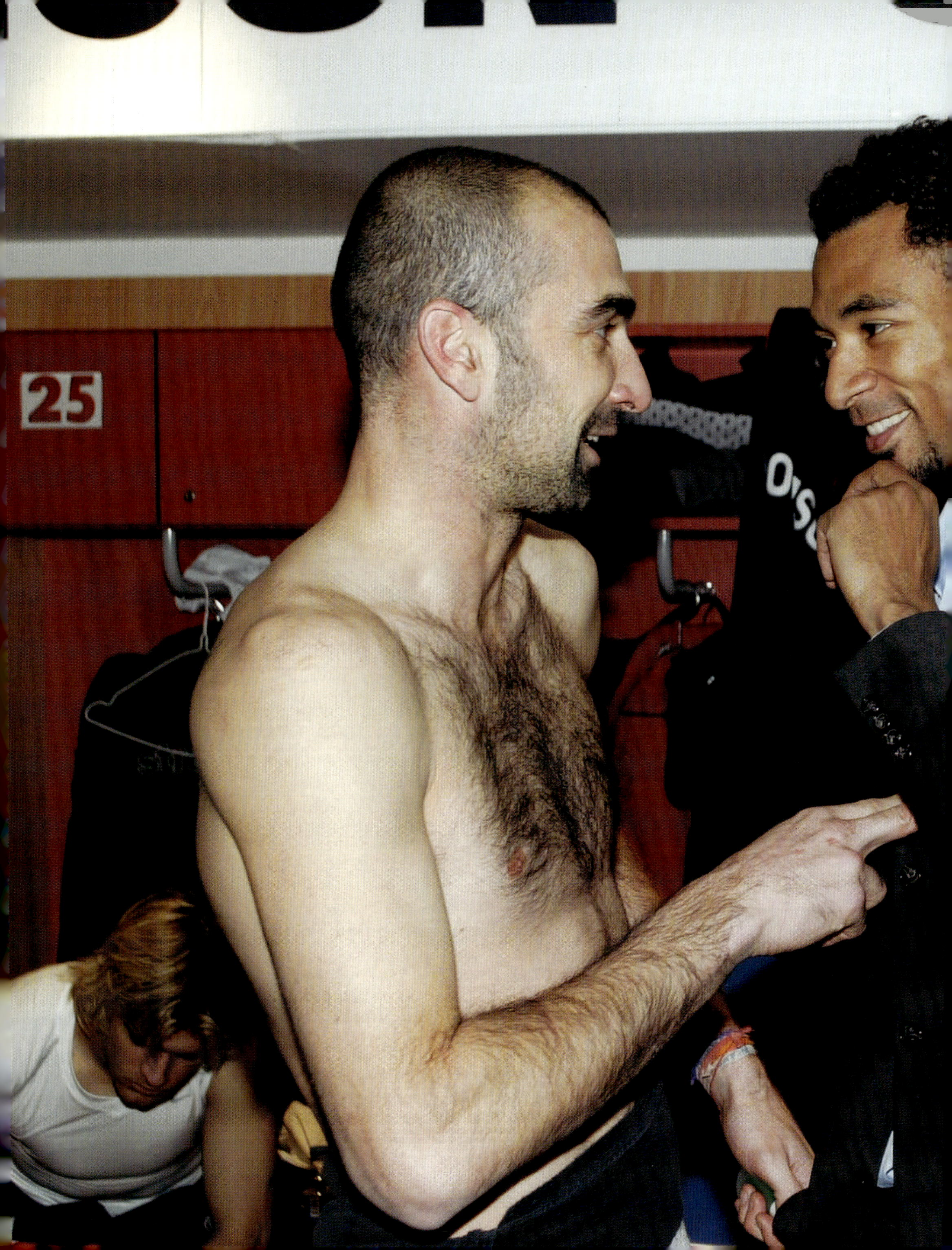
25

VESTIAIRES

THOMSON

LFP
PSG

THOMSO

23
14

TOMSON
PSG

COUPE DE FRANCE

Vermelles / PSG 0-4

32e de finale, samedi 7 janvier 2006

FEUILLE DE MATCH

Stade Felix-Bollaert (15 311 spectateurs)
Arbitre M. Cailleux
Buts Pauleta (9e), Armand (50e), Bueno (80e), Rodriguez (84e) pour le PSG
Avertissements Hayart (62e) pour Vermelles ; M'Bami (33e), Dhorasoo (81e) pour le PSG
Vermelles Hotte - Hayart, Dealet, Andrieux, Derache, Magre - Garret (Ferrai, 60e), Hautefeuille (Bulawiniec, 72e), Hecquet (Lecocq, 51e) - Bocquet, Dautruche. Entr. : J.-P. Houilliez
PSG Alonzo - Pichot, Rozehnal, Yepes, Armand - M'Bami, Dhorasoo (Semak, 46e), Rothen, Rodriguez - Pancrate (Dja Djedje, 81e), Pauleta (cap.) (Bueno, 46e). Entr. : G. Lacombe

RÉSUMÉ

Opposés à une équipe de DH pour leur entrée dans la compétition, les joueurs parisiens sont logiquement parvenus à éviter le piège. La partie démarre idéalement pour les visiteurs puisque dès la 8e minute, Pauleta, à la réception d'un centre de Pancrate, ouvre la marque de la tête (0-1). Mais les vermellois n'abdiquent pas. La frappe de Dautruche frappe le poteau d'Alonzo (21e). Paris ne s'affole pourtant pas et parvient, sans génie mais avec solidité, à contenir les espoirs de leurs adversaires. Bueno et Semak font leur apparition pour la seconde période et le PSG se met à l'abri. Armand profite ainsi du travail de Rodriguez pour tromper Hotte d'un missile du pied gauche (0-2, 8e). Malgré quelques actions dangereuses, les amateurs plient en fin de partie. C'est tout d'abord Carlos Bueno qui reprend victorieusement de la tête un centre de Jérôme Rothen (0-3, 80e). C'est ensuite un superbe exploit individuel de Cristian Rodriguez, une série de dribbles ponctuée d'un extérieur du gauche imparable, qui offre un avantage plus lourd aux Rouge et Bleu (0-4, 84e). Pour son deuxième match sur le banc du PSG, Guy Lacombe s'offre un nouveau succès. Paris poursuit sa route en Coupe de France et recevra l'AJ Auxerre pour une place en 8es de finale.

RÉACTION

Cristian Rodriguez
« Ce match m'a fait beaucoup de bien car je n'avais pas joué depuis longtemps. Sur mon but, quand je reçois le ballon, j'ai tout de suite voulu aller au bout. Je passe un premier dribble, puis un deuxième et je marque de l'extérieur du pied gauche. J'avais envie de rendre au PSG la confiance qu'il m'a donnée. »

PITCH
4
SFR

SFR

SFR

PSG / Auxerre 1-0

16e de finale, mercredi 1er février 2006

FEUILLE DE MATCH

Parc des Princes (16 301 spectateurs)
Arbitre M. Bré
Buts Grichting (75e csc) pour le PSG
PSG Alonzo - Mendy, Rozehnal, Yepes, Armand - E. Cissé, Landrin, Semak (Haddad, 46e), Pancrate, Rodriguez (Paulo César, 87e) - Pauleta (cap.). Entr. : G. Lacombe.
Auxerre Cool - Martin, Mignot, Grichting, Jaurès (Suriano, 85e) - Violeau, Berson (Kahlenberg, 79e), Cheyrou, Lachuer (cap.) - Pieroni, Luyindula (Poyet, 79e). Entr. : J. Santini

RÉSUMÉ

Sur une pelouse à moitié gelée et par une température qui avait convaincu les habitués du Parc de rester au chaud, le PSG a assuré l'essentiel : la qualification. Contre des Auxerrois d'entrée de jeu opérationnels, les Parisiens passent un douloureux premier quart d'heure. Luyindula par deux fois (4e, 15e) et Berson (10e) sont ainsi tout près de tromper Alonzo, décisif. Dès lors, les Parisiens se réveillent et font jeu égal avec leurs hôtes. Une unique et timide occasion, signée Semak d'une frappe à l'entrée de la surface, vient enfin perturber la tranquille première période de Fabien Cool (42e). L'entrée du jeune Haddad et le replacement à gauche de Pancrate amènent plus de percussion dès l'entame du second acte. Les hommes de Lacombe sont plus sereins mais peinent à se montrer dangereux. Alors que le thermomètre se fait de plus en plus capricieux, le match bascule sur un coup de dés. Servi sur le côté gauche, Pauleta provoque Grichting avant de voir son centre dévié par le pied du défenseur suisse. La trajectoire du ballon est suffisamment modifiée pour lober le portier ajaiste et donner un avantage décisif aux Franciliens (1-0, 75e). Chanceux, Pauleta prouve ensuite son génie en reprenant en aile de pigeon un centre de Pancrate. Mais la barre prive le Portugais d'un but d'anthologie. La déception est pourtant vite oubliée et laisse place à la satisfaction de poursuivre le séduisant chemin de la Coupe de France.

RÉACTION

Pedro Pauleta
« Sur l'aile de pigeon, je suis un peu en retard, je n'ai donc pas d'autre solution que de tenter ça. C'est dommage de toucher le poteau. On savait que ce serait un match difficile contre une équipe qui joue bien en contre. Le plus important est que nous soyons qualifiés. »

SFR

PITCH
8
SFR

SFR

Lyon-La D / PSG 0-3

8e de finale, mardi 15 mars 2006

FEUILLE DE MATCH

tade Gerland (9 000 spectateurs)
rbitre M. Ledentu
uts Bueno (30e), Pauleta (74e, 76e) pour le PSG
vertissements Chérif (51e), Damiani (65e) pour yon-La Duchère
yon-La Duchère Morandini - Jemaa, Damiani, onnetot, W. Jacmot (Perraudin, 63e) - emmouchia, Duarte, Théveniaux, Chérif Cavaretta, 77e), Batota (K. Jacmot, 63e) - Gourouli. ntr. : A. Moizan
SG Letizi (cap.) - Pichot, Rozehnal, Armand , aulo César - E. Cissé (Dramé, 82e), M'Bami, horasoo, Pancrate, Rodriguez (Rothen, 78e) - ueno (Pauleta, 73e). Entr. : G. Lacombe

RÉSUMÉ

ombeurs de Toulouse et Strasbourg lors les deux précédents tours, les joueurs de yon-La Duchère, club de CFA, comptent ne nouvelle fois faire tomber une équipe le l'élite. Auteur d'une série catastrophique de huit matchs sans victoire en L1, aris est bousculé d'entrée de match par les amateurs sans complexe. Mais Letizi, apitaine d'un soir, est impeccable et edonne confiance à une défense en manque d'automatismes. Ce sont même ses artenaires qui ouvrent le score sur leur remière action dangereuse. Un corner hooté par Rodriguez trouve Bueno, seul au second poteau, pour une reprise de la ête qui trompe Morandini (1-0, 30e). Dans a foulée, Cissé sauve les siens de l'égalisation en repoussant sur sa ligne une tête le Damiani (32e). La partie perd alors en onsistance, le PSG n'étant plus vraiment nquiété malgré la fougue de ses adversaires. À peine entré en jeu, Pauleta se harge de rassurer sa formation. À l'issue l'un rush côté droit, Pancrate offre un entre à ras du sol à son buteur. Le ortugais convertit l'offrande (2-0, 74e) et e se fait pas prier pour récidiver quelques secondes plus tard. Toujours servi ar Pancrate, il inscrit du pied droit son 250e but sous les couleurs d'un club français ! Mis en danger en début de partie, aris sauve le principal et se retrouve à leux matches du Stade de France.

RÉACTION

uy Lacombe
« Je suis soulagé. Tant que le deuxième out n'est pas là, on se sent toujours en langer car cette équipe avait tout de nême rivalisé avec Strasbourg et oulouse. Je savais que Pedro pouvait entrer pour faire la différence et que je ouvais compter sur Bueno et Rodriguez, ui sont de très bons joueurs. »

SFR

SFR

SFR

PSG / Lille : 2-1

Quart de finale, mardi 11 avril 2006

»»»» FEUILLES DE MATCHS

Parc des Princes (21 345 spectateurs)
Arbitre M. Colombo
Buts Kalou (40e), Pauleta (57e) pour le PSG ; Tavlaridis (31e) pour Lille
Avertissements Kalou (26e), Pancrate (59e), E. Cissé (76e), Pauleta (90e) pour PSG; Tavlaridis (38e), Bodmer (87e) pour Lille
PSG Letizi – Mendy, Rozehnal, Armand, Paulo César – E. Cissé, M'Bami, Dhorasoo, Pancrate – Kalou (Pichot, 87e), Pauleta (cap.) (Bueno, 91e). Entr. : G. Lacombe
Lille Malicki – Chalmé, Tavlaridis, Plestan, Vitakic – Makoun, Cabaye (Bodmer, 77e), Lichtsteiner (Odemwingie, 71e), Aboucherouane (A. Keita, 60e), Gygax – Moussilou. Entr. : C. Puel

»»»»»»»» RÉSUMÉS

En accueillant Lille sur sa pelouse du Parc des Princes, le PSG doit gagner s'il veut accrocher une place en Coupe d'Europe la saison prochaine, une issue devenue peu probable par le biais du Championnat. Pourtant, les Parisiens rentrent timidement dans la partie et Makoun décoche une première frappe juste à côté (8e) avant que Moussilou n'écrase trop son tir (27e). Les Lillois choisissent la demi-heure de jeu pour concrétiser leur domination. Aboucherouane délivre un corner sur la tête de Tavlaridis qui fusille Letizi, gêné par Cissé au moment d'intervenir (30e). Paulo César tente sa chance sur coup franc, mais ne trouve pas le cadre (39e). Quelques secondes plus tard, un autre coup franc du Brésilien trouve la tête de Cissé, lequel remet en retrait pour Kalou qui égalise de la poitrine (40e). A la pause, Paris peut s'estimer heureux. En seconde mi-temps, Lille est emprunté et Pauleta va rappeler au public que sa réputation de tueur des surfaces n'est pas usurpée. Le Portugais hérite d'un ballon de Kalou avant de l'envoyer dans la lucarne de Malicki (57e). Même le méticuleux Guy Lacombe salue ce « coup de génie ». Un de plus pourrait-on dire tant Pauleta sait sortir le PSG de situations, à priori, inextirpables. Paris peut envisager sereinement la suite de la sérénité.

»»»»»»» RÉACTIONS

Guy Lacombe
« Qui n'aurait pas eu de crainte face à une telle équipe ? Lille a un bloc difficile à manœuvrer, qui harcèle constamment. L'égalisation nous fait beaucoup de bien. Ensuite, il faut une patte de Pedro pour gagner. C'est vrai que nous avons eu peu d'occasions mais c'est toujours un peu ce style de match contre Lille. »

SFR
SFR

TF1

SFR
LOSC
SFR

Nantes / PSG : 1-2

Demi finale, jeudi 20 avril 2006

FEUILLES DE MATCHS

Stade de la Beaujoire (35 968 spectateurs)
Arbitre M. Ledentu
Buts Cetto (72e) pour Nantes ; Pancrate (68e), Pauleta (86e) pour le PSG
Avertissements M. Diallo (46e), Faé (69e) pour Nantes ; Pauleta (56e), Mendy (75e) pour le PSG
Nantes Landreau – Savinaud, Cetto, Guillon, Signorino – Toulalan, Faé, Da Rocha, Quint (Bamogo, 71e) – M. Diallo, Oliech. Entr. : S. Le Dizet
PSG Letizi – Paulo César (Mendy, 62e), Rozehnal, Yepes, Armand – E. Cissé, M'Bami, Dhorasoo (Landrin, 90e), Rothen, – Pancrate, Pauleta (cap.). Entr. : G. Lacombe

RÉSUMÉS

Avant même le coup d'envoi , le PSG sait déjà qu'il rencontrera Marseille s'il parvient à franchir l'obstacle nantais. D'entrée, les Franciliens mordent dans le ballon et se procurent les premières occasions grâce à Rothen (8e) et Cissé (15e). Nantes réagit dans la foulée. Savinaud profite d'une combinaison avec Quint pour réveiller Letizi (18e). C'est ce même Letizi qui claque en corner un joli coup franc de Guillon (20e). Paris repart à l'assaut de la cage de Landreau, mais le gardien des Canaris réalise des miracles. D'abord en détournant une tête de Pancrate (21e), puis une frappe de Pauleta renvoyée directement sur son poteau (23e). En seconde mi-temps, ce sont les Jaunes qui prennent le commandement du ballon et qui s'offrent les actions les plus tranchantes. Da Rocha à deux reprises (55e et 57e) et Quint (67e) tentaient d'amorcer la révolte. C'est le moment choisi par les Parisiens pour ouvrir le score. Pauleta sert Pancrate qui dribble Landreau et marque dans le but vide (68e). Un avantage de courte durée puisque Cetto profite d'un coup franc de Da Rocha pour égaliser (72e). On craint alors que le PSG ne dessert l'étreinte mais c'est sans compter sur Pauleta. Sur une ouverture de Dhorasoo, il reprend le ballon de volée et ne laisse aucune chance au malheureux Landreau (86e).

RÉACTIONS

Pauleta
« Mon but ? C'est un beau but sur une passe magnifique ! Maintenant, il y a cette finale, contre l'OM. On connaît la rivalité entre nos deux équipes. Ce sera surtout un match important en vue de l'Europe. J'espère qu'on verra un beau spectacle et que les spectateurs se comporteront en vrais supporters. »

SFR

CAISSE D'EPARGNE
SFR
SFR

Marseille / PSG: 1-2

Finale, samedi 29 avril 2006

FEUILLES DE MATCHS

Stade de France (79 061 spectateurs)
Arbitre M. Duhamel
Buts Maoulida (67e) pour Marseille ; Kalou (6e), Dhorasoo (49e) pour le PSG
Avertissements Oruma (43e), Beye (63e), Taiwo (82e) pour Marseille ; M'Bami (43e), Pancrate (57e), Pauleta (83e), Letizi (84e) pour PSG
PSG Letizi – Mendy, Rozehnal, Yepes, Armand – E. Cissé, M'Bami, Dhorasoo, Rothen (Paulo César, 86e) – Kalou, Pauleta (cap.). Entr. : G. Lacombe
Marseille Barthez – Beye (Nasri, 80e), Déhu (cap.), Civelli, Taiwo – Cana, Lamouchi, Ribéry – Maoulida, Pagis (Oruma, 37e), Niang. Entr. : J. Fernandez.

RÉSUMÉS

Pour le PSG, cette finale de Coupe de France est sans doute l'ultime chance de disputer une Coupe d'Europe la saison prochaine. Dans cette rencontre au sommet, c'est Paris qui prend le meilleur départ. D'abord dans les tribunes grâce à des supporters survoltés, et ensuite sur le terrain où 5 minutes de jeu suffisent à Kalou pour ouvrir le score. Suite à une relance de Taiwo contré par Cissé, l'Ivoirien envoie un missile se loger sous la barre transversale de Fabien Barthez. Dès lors, les Rouge et Bleu asphyxient les Olympiens. Kalou, encore lui, voit son tir dévie de justesse par Taiwo (11e). L'OM tente de se révolter mais le déboulé de Niang est avorté par un retour de Mendy (18e). C'est ensuite M'Bami qui s'essaye de très loin (31e), comme pour montrer que le PSG maîtrise son sujet. La fin de mi-temps s'anime avec quelques altercations sans méchanceté entre les protagonistes. Après la pause, Dhorasoo y va de son génie en doublant la mise sur une frappe de 25 mètres. Si l'ancien Milanais se met aussi à marquer des buts, on se dit alors que rien ne peut arriver au PSG. Kalou, d'une frappe sur la barre (54e), et Rothen (61e), d'un coup franc sur le poteau, sont tout prêts de plier le match. Maoulida redonne bien un peu de couleurs aux tribunes marseillaises (66e). Mais, il est déjà trop tard. Paris peut communier avec son public et fêter sa 7e Coupe de France...

RÉACTIONS

Guy Lacombe
« Je suis venu à Paris pour vivre ces émotions, pour remporter des titres. On a eu, dans cette compétition, la réussite que nous n'avons pas connue en championnat. C'est un beau clin d'œil par rapport aux événements de la saison. »

Bonaventure Kalou
« C'était l'entame idéale. J'ai la chance de marquer sur une balle qui me revient : neuf fois sur dix ce type de reprise part dans les tribunes. Sur la fin, on s'est fait un peu peur car à 2-2, les choses auraient été beaucoup plus difficiles. Nous avons su contrer leurs offensives en restant solidaires. La Coupe de France, c'est avant tout de la solidarité, une volonté de tous les instants. L'équipe a retrouvé le supplément d'âme qui lui avait fait défaut parfois en championnat. Désormais, je vais penser à une autre Coupe, la Coupe du Monde ! »

Vikash Dhorasoo
« Cela a été un bon match, avec de bonnes entames à chaque période. Ces buts marqués rapidement nous ont mis dans la bonne voie. Je suis très heureux ce soir de remporter un titre avec Paris, avec le plaisir d'avoir marqué. Je prends la balle au milieu de terrain. Jusqu'à présent, sur ce type d'action, j'avais fait la passe. Là j'ai pensé qu'il fallait aller au bout. »

SFR

SFR
SPORT 2000

le Parisien
le Parisien
edf
RENAULT
RENAULT
Jacques Vabre
VAINQ
DE FRANCE
TF1

LA VICTOIRE

SFR
PARIS
SFR
SFR
SFR

TF1
TF1
SFR
SFR
SFR
COUPE DE FRANCE

PORT OBLIGATOIRE

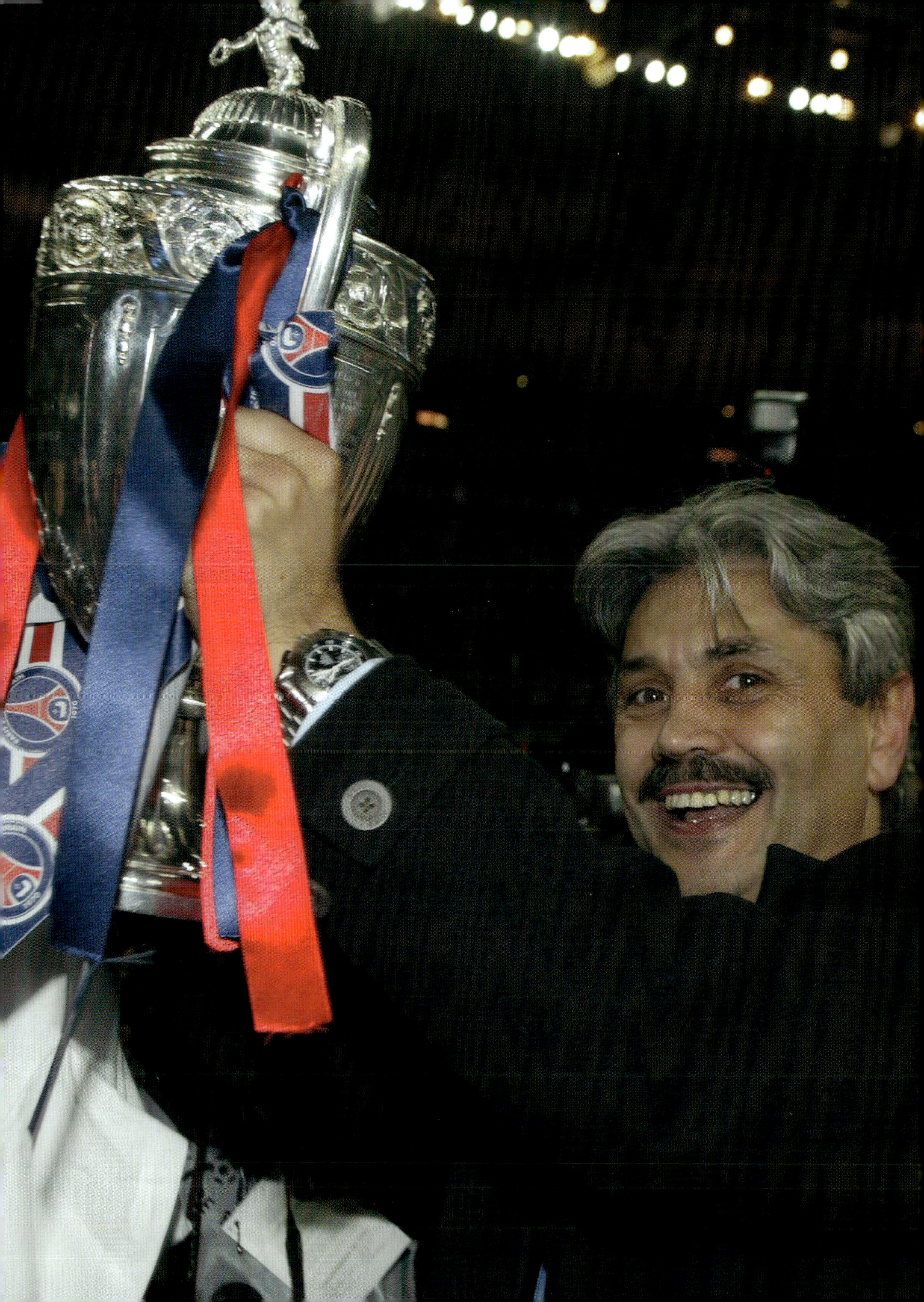

PSG
PSG

EN PRIVÉ

VAINQUEURS DE LA COUPE DES COUPES 96

10

#9
accessibles chez vous
THOMSON

72
ECKŌ UNLTD.
1

AU CADET

Jérôme Alonzo
•Français
•20/11/1972
•Gardien
•1,86 m, 83 kg
Cette saison en L1 :
•13 matchs (12t, 1r)
•1 080 min
•13 buts encaissés
•0 carton

Sylvain ARMAND
•Français
•01/08/1980
•Défenseur
•1,82 m, 82 kg
Cette saison en L1 :
•35 matchs (34 t, 1 r)
•3 098 min
•7 jaunes, 2 rouges

Jean-Hugues ATEBA BILAYI
•Camerounais
•01/09/1981
•Défenseur
•1,72 m, 65 kg
Cette saison en L1 :
•2 matchs (2 t, 0 r)
•155 min
•0 carton

Jean-Michel BADIANE
•Français
•09/05/1983
•Défenseur
•1,82 m, 72 kg
Cette saison en L1 :
•3 matchs (2 t, 1 r)
•199 min
•1 jaune, 0 rouge

Mohamed BENHAMOU
•Algérien
•17/12/1979
•Gardien de but
•1,76 m, 72 kg
Cette saison en L1 :
•0 match

Carlos BUENO
•Uruguayen
•10/05/1980
•Attaquant
•1,78 m, 72 kg
Cette saison en L1 :
•12 matchs (2 t, 10 r)
•261 min
•2 jaunes

Edouard CISSE
•Français
•02/09/1976
•Milieu de terrain
•1,86 m, 76 kg
Cette saison en L1 :
•31 matchs (29 t, 2 r)
•2 399 min
•2 buts
•7 jaunes, 2 rouges

Vikash DHORASOO
•Français
•10/10/1973
•Milieu de terrain
•1,68 m, 63 kg
Cette saison en L1 :
•34 matchs (31 t, 3 r)
•2 592 min
•5 jaunes, 0 rouge

Franck DJA DJEDJE
•Français
•02/06/1986
•Attaquant
•1,76 m, 70 kg
Cette saison en L1 :
•2 matchs (0 t, 2 r)
•43 min
•0 Carton

Boukary DRAME
•Sénégalais
•22/07/1985
•Défenseur
•1,80 m, 75 kg
Cette saison en L1 :
•4 matchs (1 t, 3 r)
•129 min
•0 carton

Rudy HADDAD
•Français
•05/02/1985
•Milieu de terrain
•1,80 m, 78 kg
Cette saison en L1 :
•5 matchs (2 t, 3 r)
•0 carton

Bonaventure KALOU
•Ivoirien
•12/01/1978
•Attaquant
•1,82 m, 77 kg
Cette saison en L1 :
•28 macths (24 t, 4 r)
•2 151 min
•9 buts
•9 jaunes, 0 rouge

Ahmed KANTARI
•Français
•28/06/1985
•Défenseur
•1,85 m, 76 kg
Cette saison en L1 :
•0 match

Christophe LANDRIN
•Français
•30/06/1977
•Milieu de terrain
•1,78 m, 68 kg
Cette saison en L1 :
•26 matchs (18 t, 8 r)
•1 620 min
•2 buts
•2 jaunes

Lionel LETIZI
•Français
•28/05/1973
•Gardien de but
•1,87 m, 80 kg
Cette saison en L1 :
•27 matchs (26 t, 1 r)
•2 340 min
•22 buts encaissés
•2 jaunes, 0 rouge

EFFECTIF 2005-2006

Modeste M'BAMI
•Camerounais
•09/10/1982
•Milieu de terrain
•1,72 m, 67 kg
Cette saison en L1 :
•34 matchs (31 t, 3 r)
•2 847 min
•0 but
•10 jaunes, 0 rouge

Bernard MENDY
•Français
•20/08/1981
•Défenseur
•1,80 m, 77 kg
Cette saison en L1 :
•36 matchs (33 t, 3 r)
•2 868 min
•0 but
•7 jaunes, 0 rouge

Fabrice PANCRATE
•Français
•02/05/1980
•Attaquant
•1,85 m, 80 kg
Cette saison en L1 :
•29 matchs (10 t, 19 r)
•1 194 min
•3 buts
•1 jaune, 0 rouge

Pedro PAULETA
•Portugais
•28/04/1973
•Attaquant
•1,80 m, 78 kg
Cette saison en L1 :
•36 matchs (35 t, 1 r)
•3 040 min
•21 buts
•6 jaunes

PAULO CESAR
•Brésilien
•26/08/1978
•Défenseur
•1,76 m, 75 kg
Cette saison en L1 :
•9 matchs (7 t, 2 r)
•691 min
•1 but
•0 carton

Stéphane PICHOT
•Français
•02/09/1976
•Défenseur
•1,78 m, 75 kg
Cette saison en L1 :
•21 matchs (13 t, 8 r)
•1 240 min
•0 but
•2 jaunes, 0 rouge

Samuel PIETRE
•Français
•10/02/1984
•Milieu de terrain
•1,83 m, 75 kg
Cette saison en L1 :
•0 match

Hocine RAGUED
•Français
•11/02/1983
•Milieu de terrain
•1,82 m, 75 kg
Cette saison en L1 :
•1 match (1 t, 0 r)
•60 min
•0 but
•0 carton

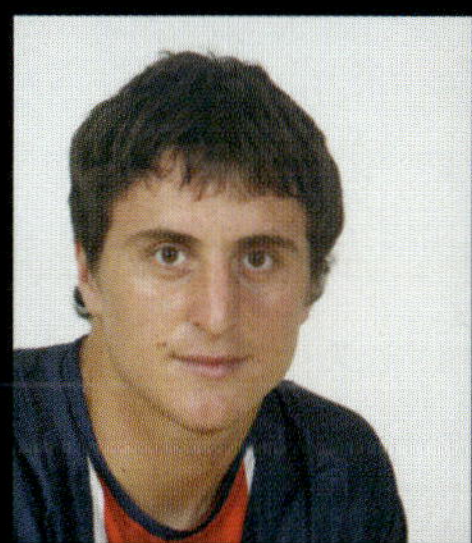

Cristian RODRIGUEZ
•Uruguayen
•30/09/85
•Milieu de terrain
•1,75 m, 72 kg
Cette saison en L1 :
•11 matchs (4 t, 7 r)
•419 min
•0 but
•2 jaunes

Jérôme ROTHEN
•Français
•31/03/1978
•Milieu de terrain
•1,77 m, 70 kg
Cette saison en L1 :
•28 matchs (27 t, 1 r)
•2 140 min
•1 but
•5 jaunes, 0 rouge

David ROZEHNAL
•Tchèque
•05/07/1980
•Défenseur
•1,91 m, 80 kg
Cette saison en L1 :
•38 matchs (38 t, 0 r)
•3401 min
•4 buts, 6 jaunes

Sergei SEMAK
•Russe
•27/02/1976
•Milieu de terrain
•1,77 m, 74 kg
Cette saison en L1 :
•14 matchs (5 t, 9 r)
•475 min
•0 but
•2 jaunes

Mario YEPES
•Colombien
•13/01/1976
•Défenseur
•1,86 m, 83 kg
Cette saison en L1 :
•32 matchs (32 t, 0 r)
•2833 min
•4 buts
•6 jaunes, 1 rouge

THOMSON
THOMSON

TABLE

Championnat de Ligue 1

Matchs allers

28 1. Metz (d.) 4-1
28 2. Sochaux (e.) 0-1
28 3. Toulouse (d.) 2-0
30 4. Troyes (e.) 1-1
30 5. Nice (d.) 1-2
30 6. Strasbourg (d.) 1-0
32 7. Saint-Etienne (e.) 3-0
32 8. Lille (d.) 2-1
32 9. Le Mans (e.) 0-0
34 10. Nantes (d.) 2-0
34 11. Marseille (e.) 1-0
34 12. Nancy (d.) 1-0
36 13. Auxerre (e.) 2-0
36 14. Monaco (d.) 0-0
36 15. Bordeaux (e.) 0-2
38 16. Lens (d.) 3-4
38 17. Lyon (e.) 2-0
38 18. Rennes (d.)
40 19. Ajaccio (e.) 1-1

Matchs retours

54 20. Sochaux (d.) 3-1
54 21. Toulouse (e.) 1-0
54 22. Troyes (d.) 2-1
56 23. Nice (e.) 1-0
56 24. Strasbourg (e.)1-1
56 25. Saint-Etienne (d.) 2-2
58 26. Lille (e.) 0-0
58 27. Le Mans (d.) 0-1
58 28. Nantes (e.) 0-0
60 29. Marseille (d.) 0-0
60 30. Nancy (e.) 1-1
60 31. Auxerre (d.) 4-1
62 32. Monaco (e.) 1-1
62 33. Bordeaux (d.) 3-1
62 34. Lens (e.) 1-1
64 35. Lyon (d.) 0-1
64 36. Rennes (e.) 1-1
64 37. Ajaccio (d.) 2-4
66 38. Metz (e.) 1-0

Coupe de la Ligue

78 16e. Troyes (d.) 4-1
78 8e.Toulouse (e.) 2-0

Coupe de France

92 32e. Vermelles (e.) 0-4
94 8e. Lyon La Duchère (e.) 0-3
96 1/4. Lille (d.) 2-1
98 1/2. Nantes (e.) 1-2
100 Finale. Marseille 2-0

PARIS